LA Pyramide qui s'eleve dans les Nües est le Simbole de l'Immortalité. Un Génie y attache le Buste au
Medaillon de LOUIS XV. LA GLOIRE le Couronne, et la RENOMÉE que le soutient annonce le Heros à l'U-
nivers. Au Bas de la Pyramide Divers Génies arrestent le TEMPS, et gravent de l'inscription sur le devant
la FRANCE contemple avec admiration ce Spectacle, Tandis que son GENIE écrit les FASTES du Prince sur un
Bouclier suspendu en Trophée à un Palmier, et que d'autres Enfans s'amusent à repandre des Medailles
sur le Globe de la Terre.

MEDAILLES
DU REGNE
DE
LOUIS XV

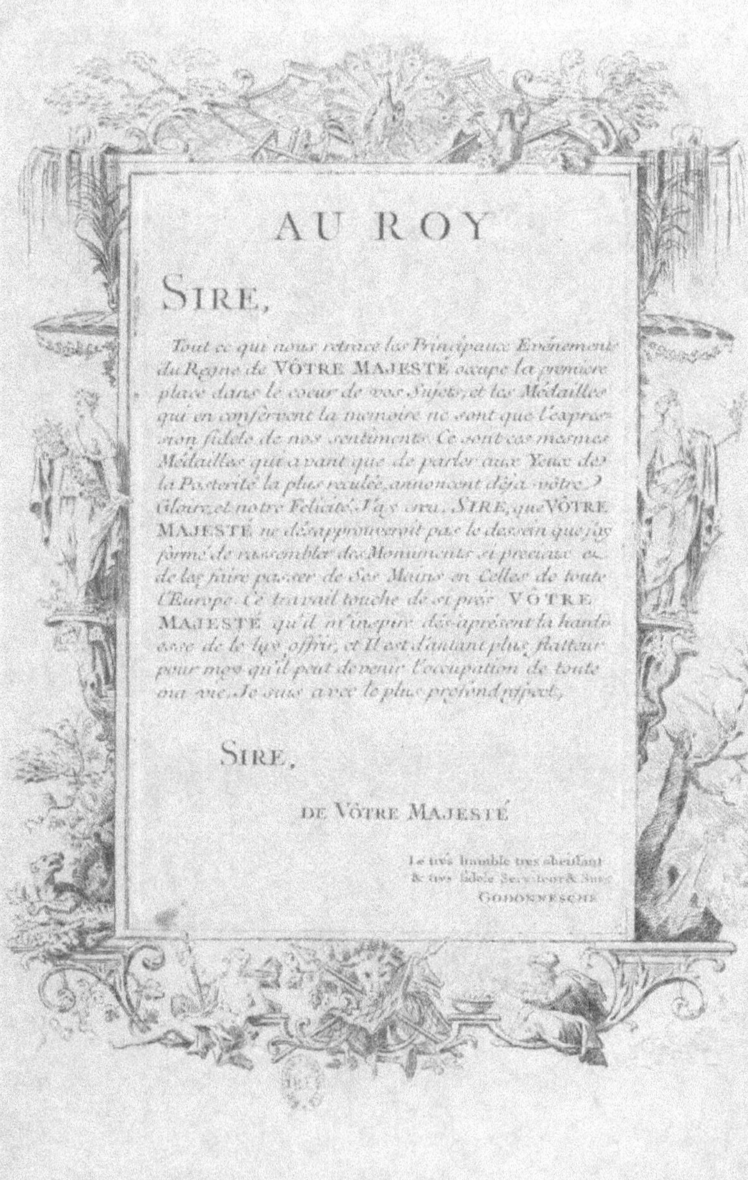


AU ROY

SIRE,

Tout ce qui nous retrace les Principaux Evénemens du Regne de VÔTRE MAJESTÉ occupe la premiere place dans le coeur de vos Sujets, et les Médailles qui en conservent la memoire ne sont que l'expression fidele de nos sentimens. Ce sont ces mesmes Médailles qui avant que de parler aux Yeux de la Posterité la plus reculée, annoncent déja vôtre Gloire et notre Felicité. J'ay cru, SIRE, que VÔTRE MAJESTÉ ne désapprouveroit pas le dessein que j'ay formé de rassembler des Monumens si precieux et de les faire passer de Ses Mains en Celles de toute l'Europe. Ce travail touche de si prés VÔTRE MAJESTÉ qu'il m'inspire dés-apresent la hardiesse de le luy offrir, et Il est d'autant plus flatteur pour moy qu'il peut devenir l'occupation de toute ma vie. Je suis avec le plus profond respect,

SIRE,

DE VÔTRE MAJESTÉ

Le trés humble tres obeïssant
& tres fidele Serviteur & Sujet
GODONNESCHE

1715.

LOUIS XIV. ET LOUIS XV.

Le Buste de LOUIS XIV. La Legende
LUDOVICUS MAGNUS REX CHRISTIANIS-
SIMUS, signifie *Louis le Grand Roy très Chrétien*.

Le Buste de LOUIS XV. La Legende
LUDOVICUS XV. D. G. FR. ET NAV. REX.
signifie *Louis XV. par la grace de Dieu Roy*
*de France et de Navarre*

PREMIERE MEDAILLE.
LOUIS XV. né le 15 Fevrier
SECOND le 7 Sept.

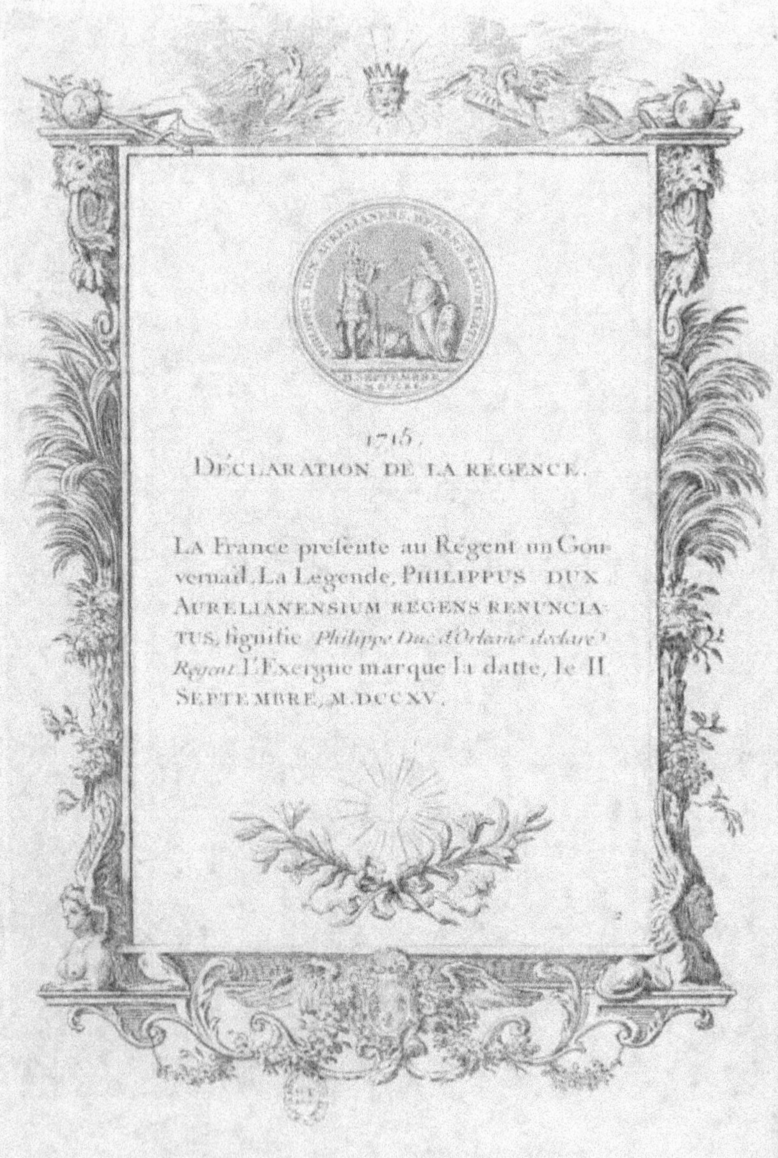

1715.
DÉCLARATION DE LA RÉGENCE.

LA France présente au Régent un Gou-
vernail. La Légende, PHILIPPUS DUX
AURELIANENSIUM REGENS RENUNCIA-
TUS, signifie Philippe Duc d'Orléans déclaré
Régent. L'Exergue marque la datte, le II.
SEPTEMBRE, M.DCC.XV.

1715.

## LE ROY ET LE RÉGENT.

LE Portrait en Buste du Régent. La Legende, PHILIPPUS AURELIANENSIUM DUX REGENS, signifie *Philippe Duc d'Orleans Regent*.

1715.
LA REGENCE.

HERCULE portant le Ciel sur ses
epaules. La Légende, PAR VIRTUS
ONERI, signifie, La Force et le Courage éga-
lent la pesanteur du Fardeau. L'Exergue marque la datte 1715.

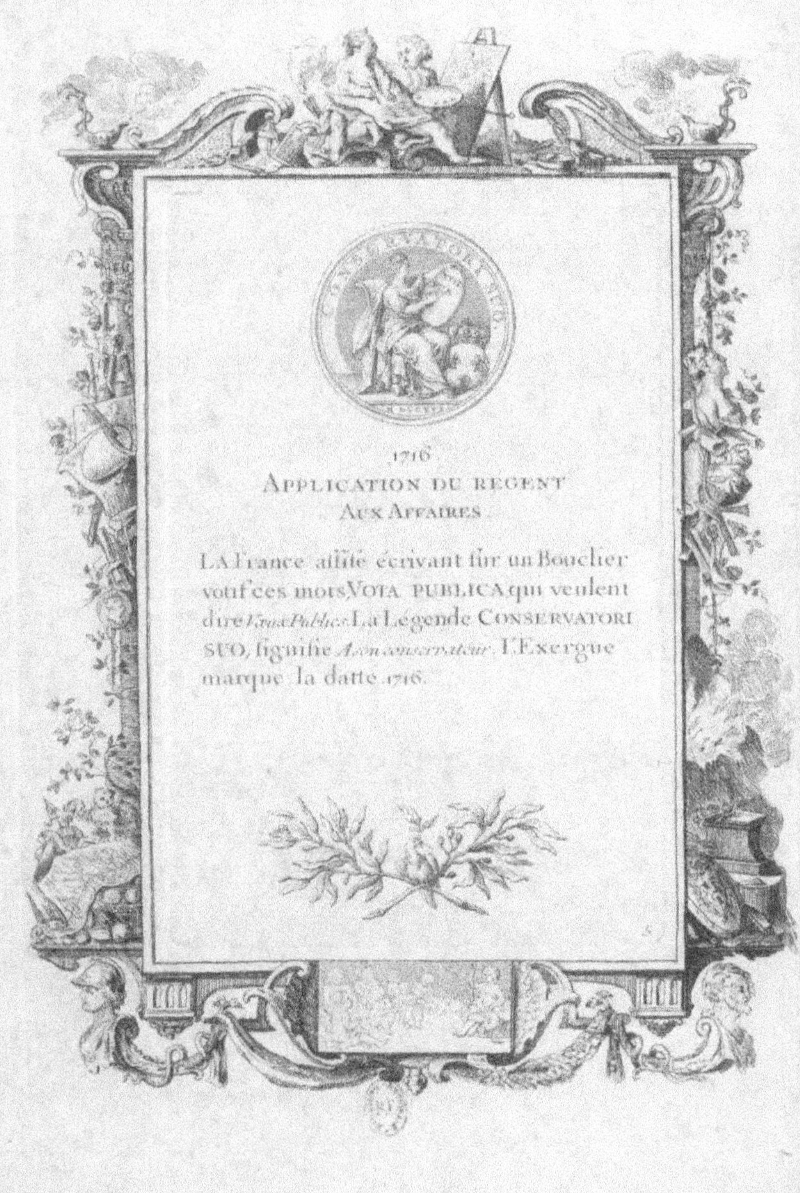
1716.
APPLICATION DU REGENT
AUX AFFAIRES

LA France assise écrivant sur un Bouclier
votif ces mots VOTA PUBLICA qui veulent
dire Vœux Publics. La Légende CONSERVATORI
SUO, signifie A son conservateur. L'Exergue
marque la datte 1716.

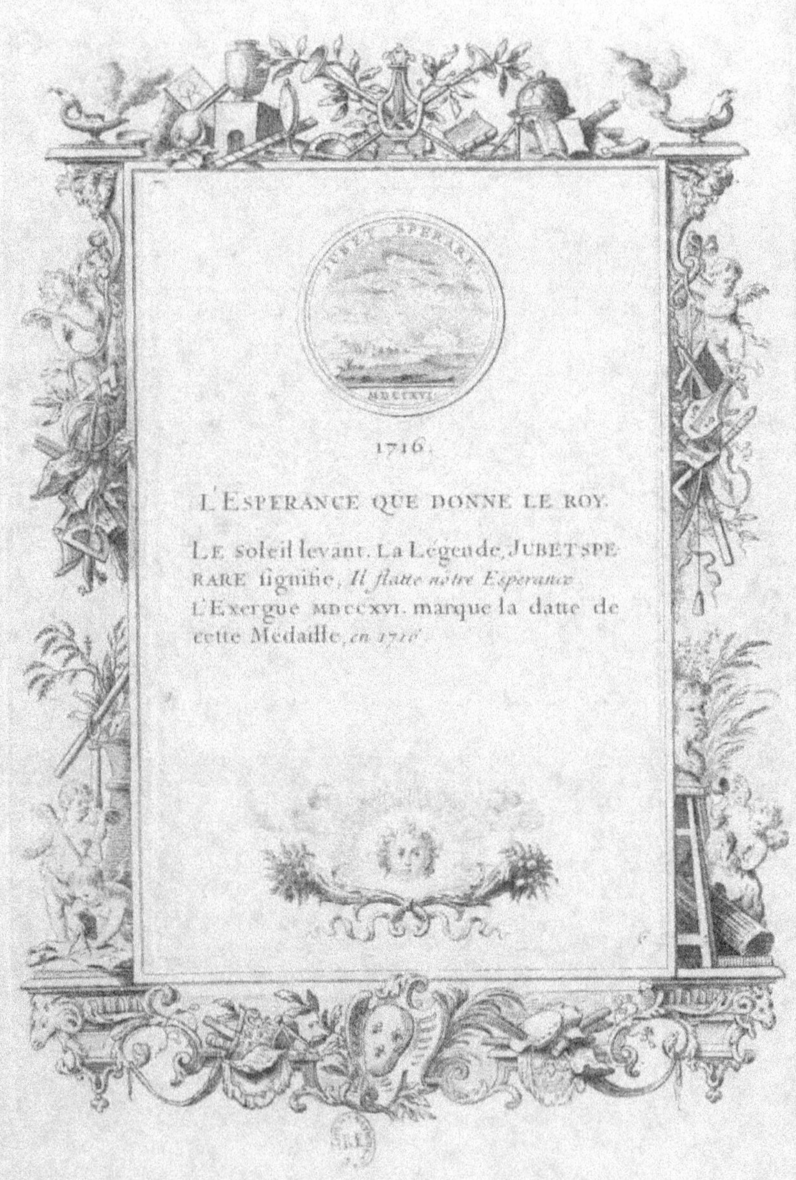

1716.

L'ESPERANCE QUE DONNE LE ROY.

LE soleil levant. La Légende, JUBET SPE-
RARE signifie, *Il flatte nôtre Esperance*.
L'Exergue MDCCXVI. marque la datte de
cette Médaille, *en 1716*.

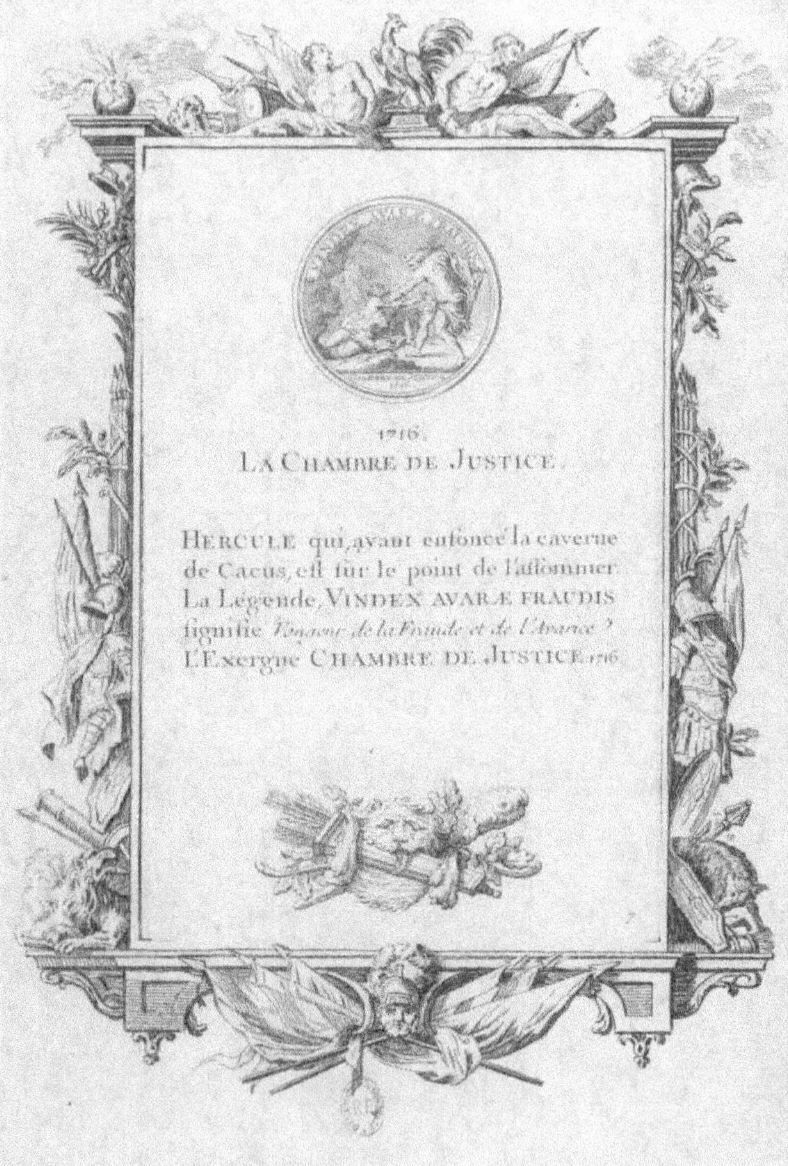


1716.
LA CHAMBRE DE JUSTICE.

HERCULE qui, ayant enfoncé la caverne
de Cacus, est sur le point de l'assommer
La Légende, VINDEX AVARÆ FRAUDIS
signifie Vengeur de la Fraude et de l'Avarice
L'Exergue CHAMBRE DE JUSTICE 1716

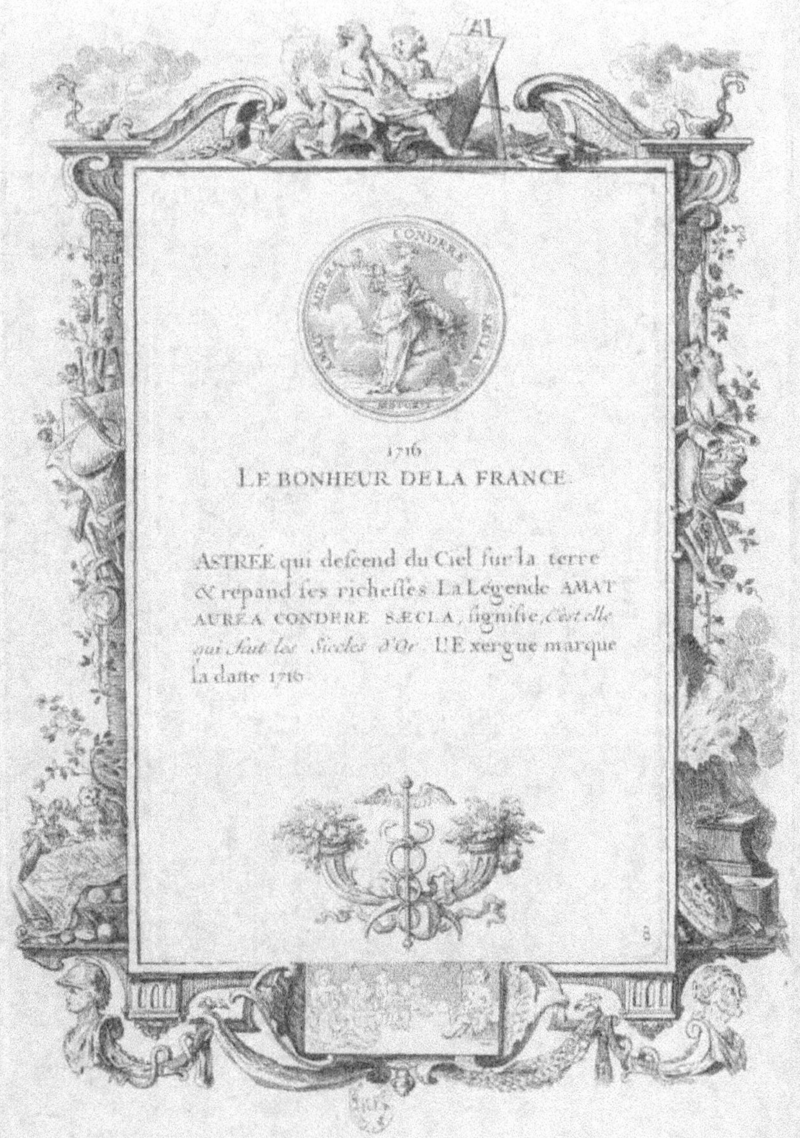


1716.

LE BONHEUR DE LA FRANCE.

ASTRÉE qui descend du Ciel sur la terre
& répand ses richesses La Légende AMAT
AUREA CONDERE SÆCLA, signifie, C'est elle
qui fait les Siecles d'Or. L'Exergue marque
la datte 1716

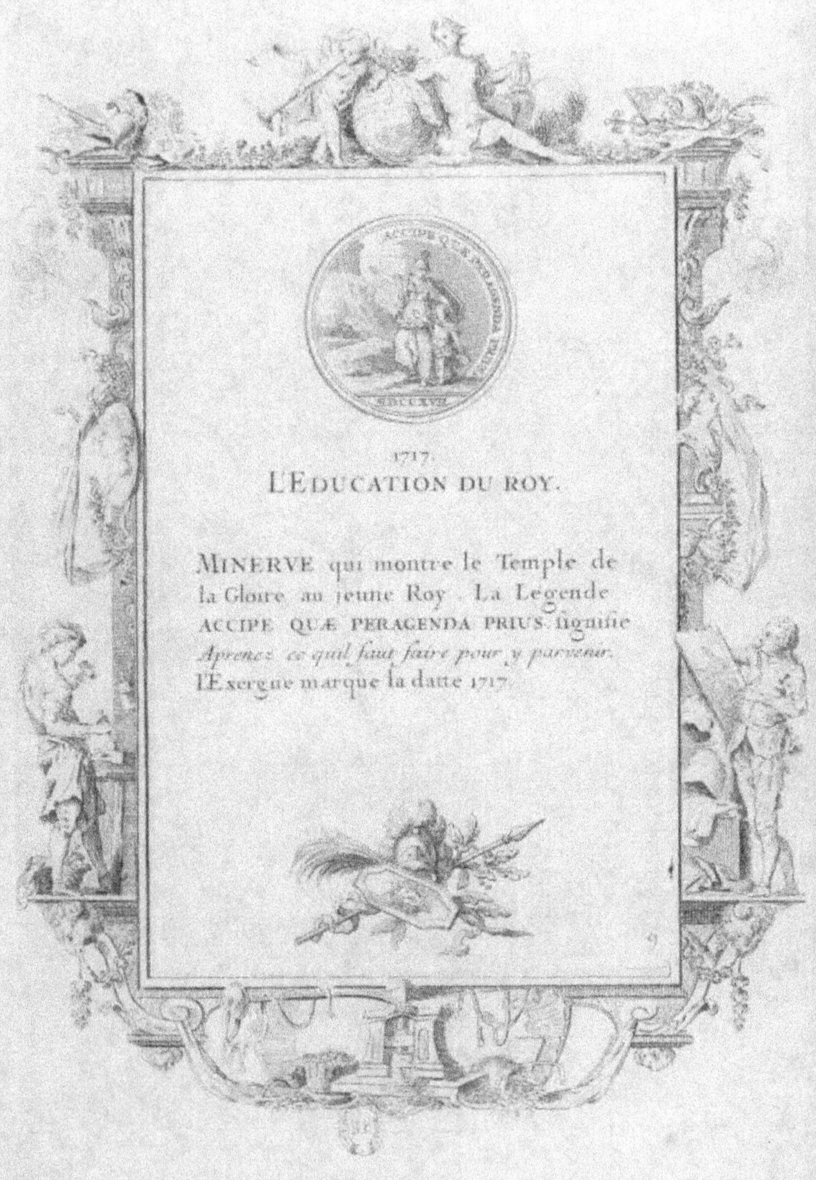

1717.
L'EDUCATION DU ROY.

MINERVE qui montre le Temple de
la Gloire au jeune Roy. La Legende
ACCIPE QUÆ PERAGENDA PRIUS signifie
Aprenez ce qu'il faut faire pour y parvenir.
l'Exergue marque la datte 1717.

1718.

## LE PROGRÈS DU ROY

APOLLON Vainqueur du Serpent Python.
La Légende, VIS ANIMI CUM CORPORE
CRESCIT, signifie *l'Esprit croist avec le
Corps*. L'Exergue MDCCXVIII. marque la
datte de cette Medaille en 1718.

1718.

## LE MESME SUJET.

Un Oranger dans une caisse chargé de fleurs & de fruits. La Legende RESPONDET CURIS, signifie *Il repond au soin qu'on en prend.* L'Exergue, 1718. marque la datte de cette Medaille.

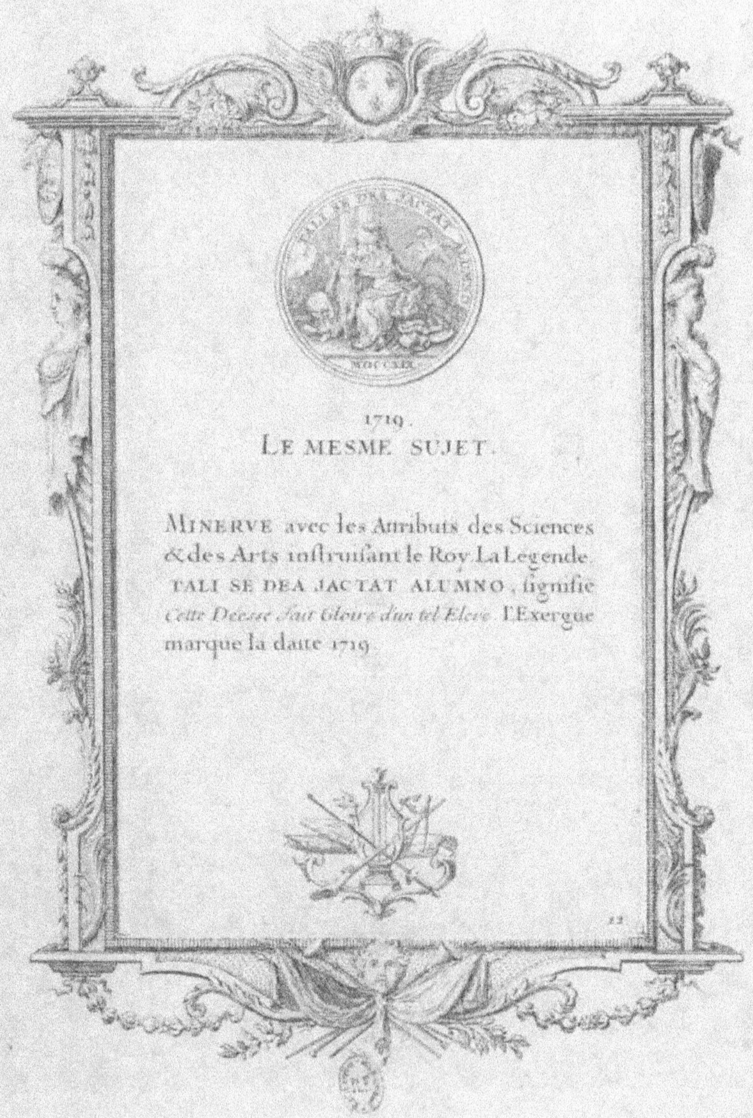
1719.
LE MESME SUJET.

MINERVE avec les Attributs des Sciences
& des Arts instruisant le Roy La Legende.
TALI SE DEA JACTAT ALUMNO, signifie
Cette Deesse fait Gloire d'un tel Eleve. L'Exergue
marque la datte 1719.

1719.

## LA PRISE DE FONTARABIE.

LA France foulant aux pieds un Bouclier aux armes de Fontarabie & préſentant un Rameau d'Olivier a l'Eſpagne. La Légende PACIS FIRMANDÆ EREPTUM PIGNUS. ſignifie *Gage enlevé pour l'aſſurance de la Paix.* L'Exergue FONTARABIA CAPTA XVI. JUN. MDCCXIX. *Fontarabie priſe le 16 Juin 1719.*

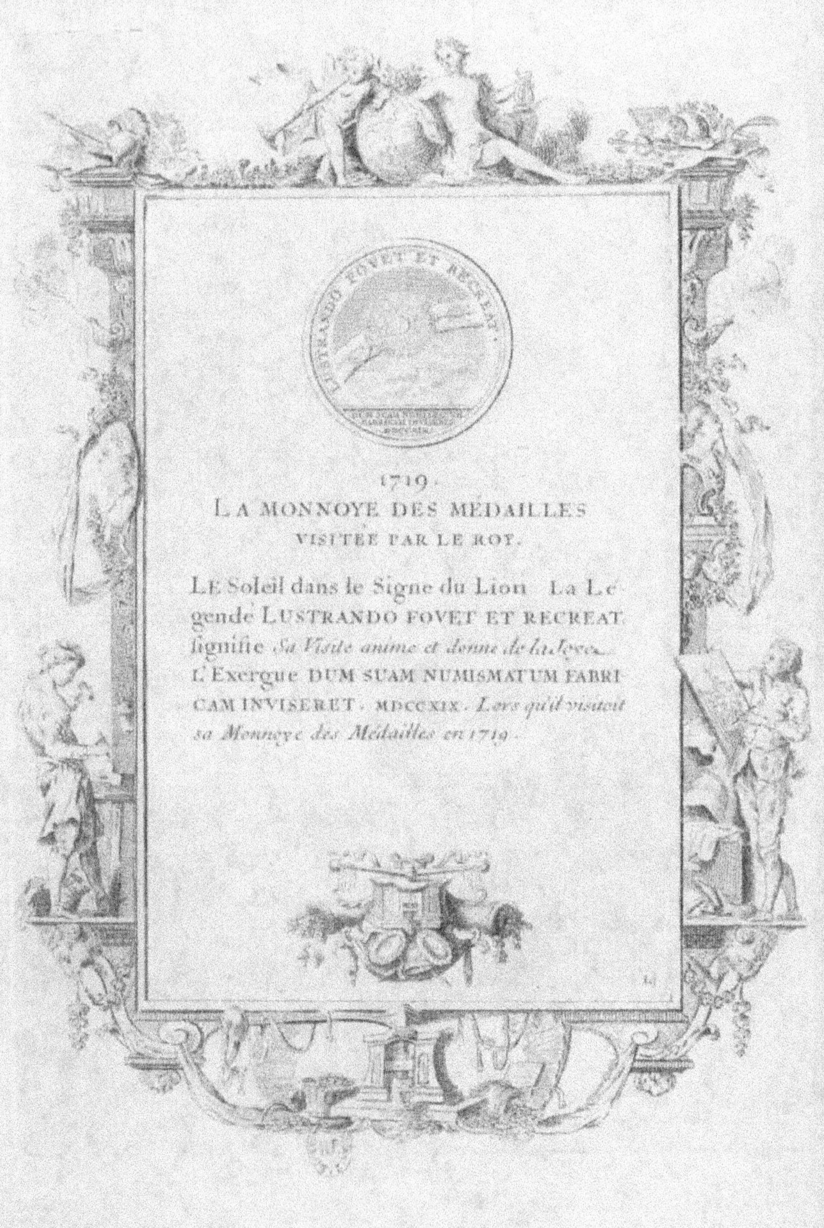
1719.
LA MONNOYE DES MÉDAILLES
VISITÉE PAR LE ROY.

LE Soleil dans le Signe du Lion. La Légende LUSTRANDO FOVET ET RECREAT. signifie Sa Visite anime et donne de la Joye. L'Exergue DUM SUAM NUMISMATUM FABRICAM INVISERET. MDCCXIX. Lors qu'il visitoit sa Monnoye des Médailles en 1719.

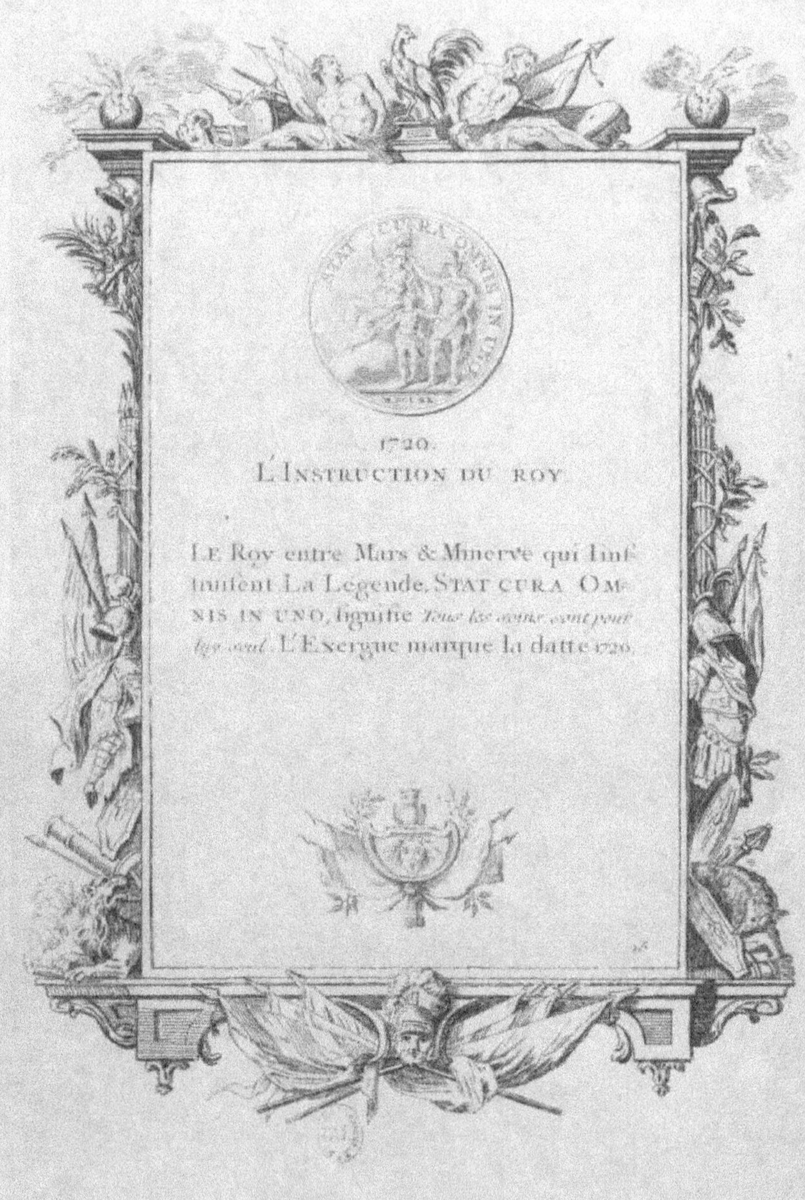


1720.
L'INSTRUCTION DU ROY

LE Roy entre Mars & Minerve qui l'inſtruiſent La Legende, STAT CURA OMNIS IN UNO, ſignifie Tous les ſoins ſont pour luy ſeul. L'Exergue marque la datte 1720.

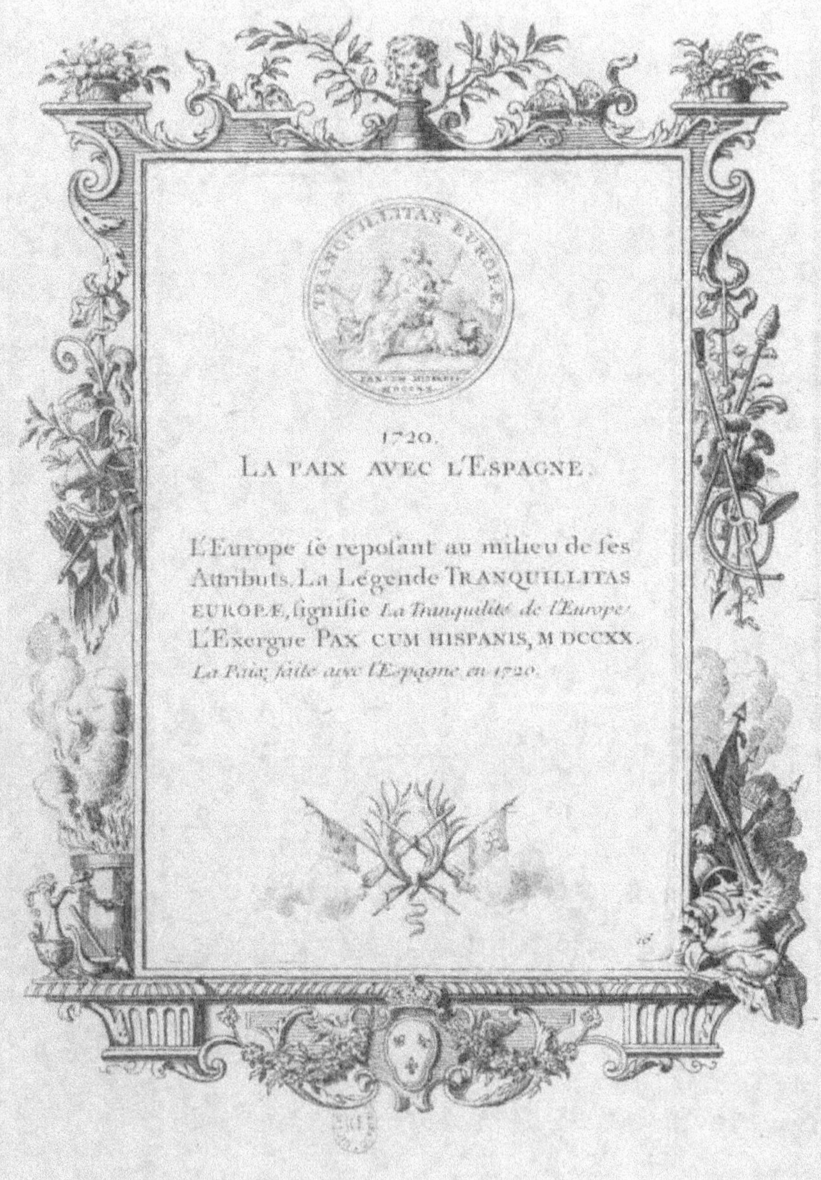

1720.
LA PAIX AVEC L'ESPAGNE.

L'Europe se reposant au milieu de ses
Attributs. La Légende TRANQUILLITAS
EUROPÆ, signifie La Tranquilité de l'Europe;
L'Exergue PAX CUM HISPANIS, M DCCXX.
La Paix faite avec l'Espagne en 1720.

1721.

LE CONGRÉS DE CAMBRAY.

La Victoire & la Paix, chacune avec leurs
Attributs, se donnant la main. La Legende FELIX CONGRESSUS, signifie l'Heureux
Concours. L'Exergue MDCCXXI. marque la
datte de cette Médaille en 1721.

1721.

LA JOYE UNIVERSELLE
POUR LE RETABLISSEMENT DE LA SANTÉ DU ROY.

UN Autel sur le quel est posé un Encensoir fumant. La Légende, LÆTITIA POPULI PRO SALUTE PRINCIPIS, signifie La Joye du Peuple pour le Retablissement de la santé du Roy. L'Exergue, IV AUGUSTI MDCCXXI. Le 4. Aoust 1721.

18

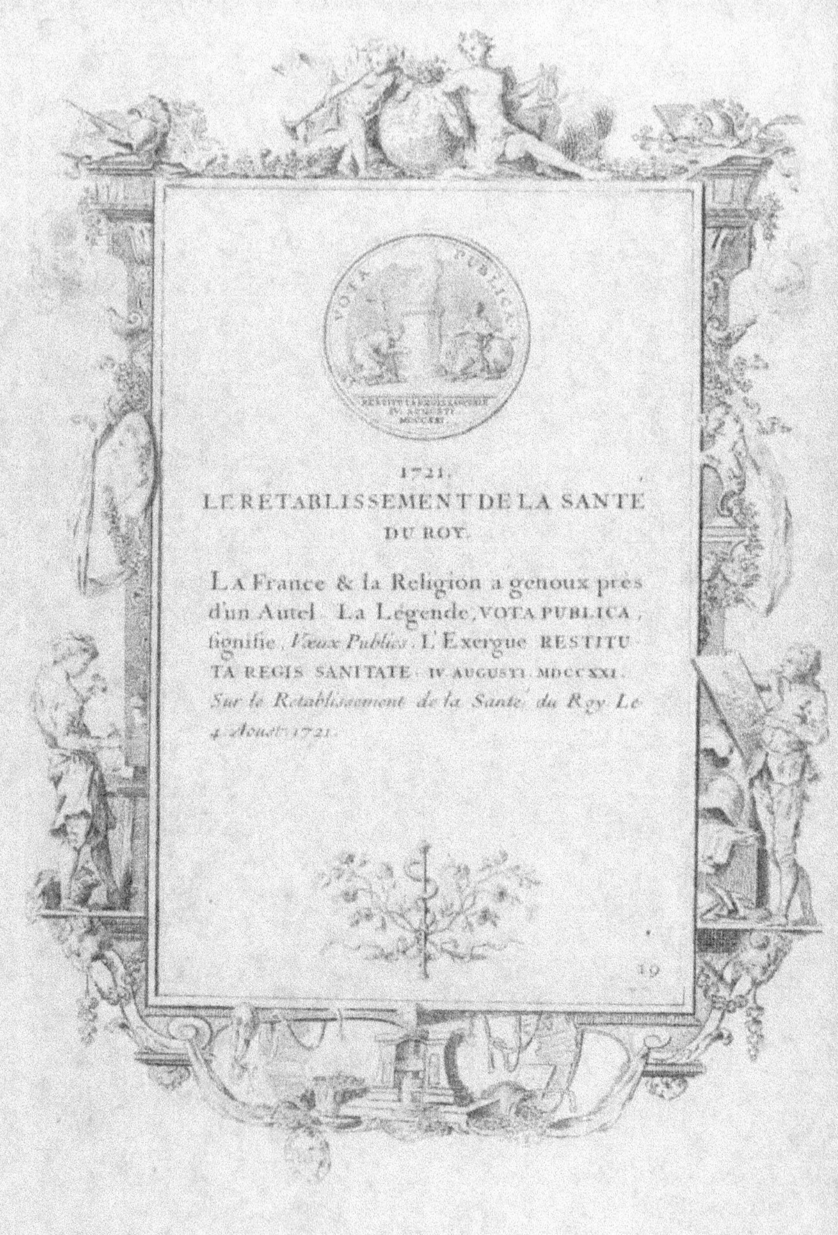
VOTA PUBLICA
RESTITUTA REGIS SANITATE
IV AUGUSTI
MDCCXXI
1721.
LE RETABLISSEMENT DE LA SANTÉ
DU ROY.
LA France & la Religion a genoux près
d'un Autel. La Légende, VOTA PUBLICA,
signifie, Vœux Publics. L'Exergue RESTITU
TA REGIS SANITATE. IV AUGUSTI. MDCCXXI.
Sur le Retablissement de la Santé du Roy Le
4 Aoust 1721.
49

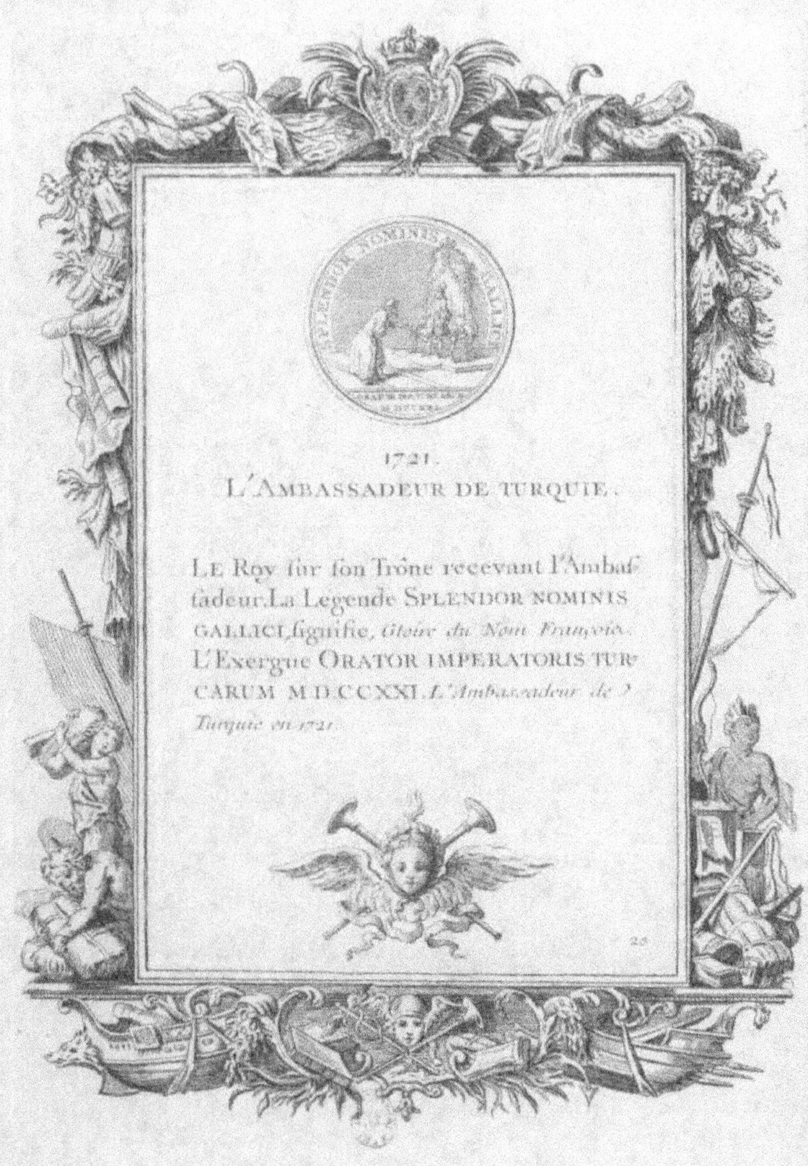

1721.
L'AMBASSADEUR DE TURQUIE.

LE Roy sur son Trône recevant l'Ambassadeur. La Legende SPLENDOR NOMINIS GALLICI, signifie, Gloire du Nom François. L'Exergue ORATOR IMPERATORIS TURCARUM M.D.CCXXI. L'Ambassadeur de Turquie en 1721.

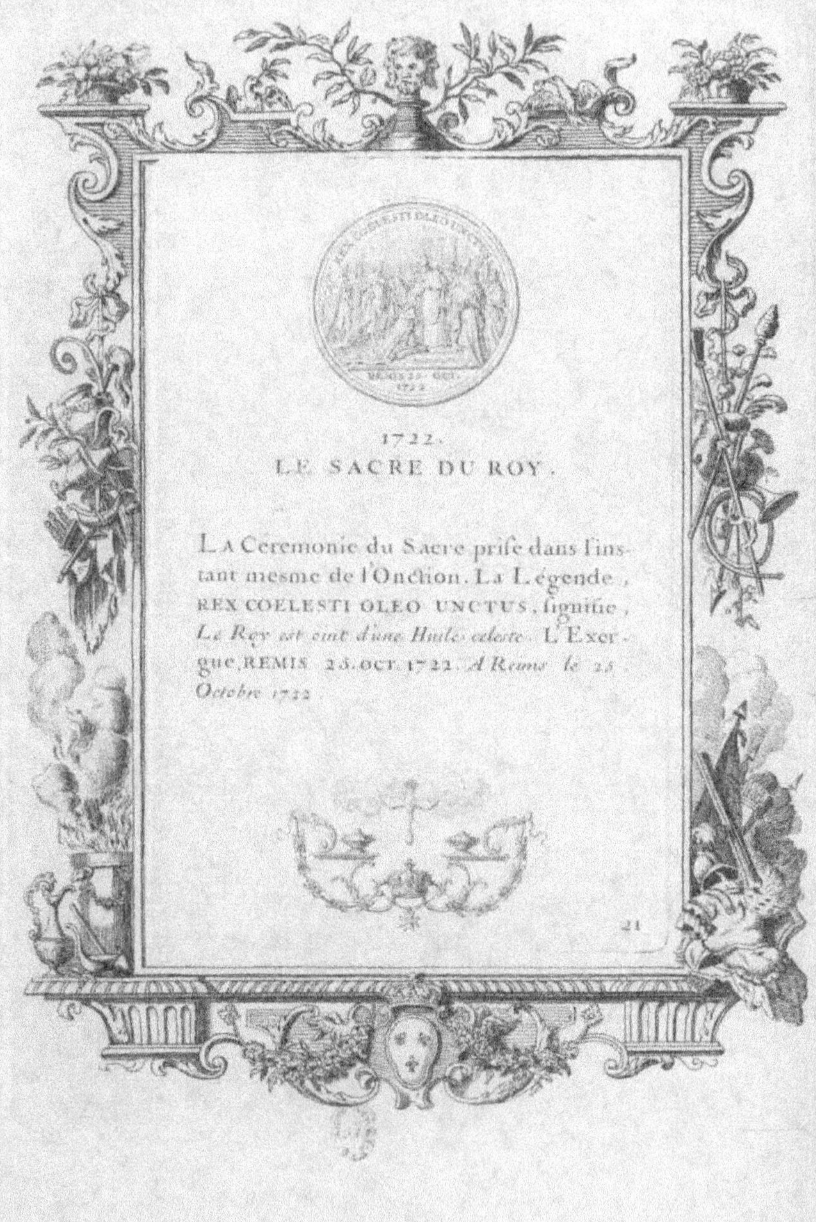

1722.

## LE SACRE DU ROY.

La Ceremonie du Sacre prise dans l'instant mesme de l'Onction. La Légende, REX COELESTI OLEO UNCTUS, signifie, Le Roy est oint d'une Huile celeste. L'Exergue, REMIS 25. OCT. 1722. A Reims le 25. Octobre 1722

21

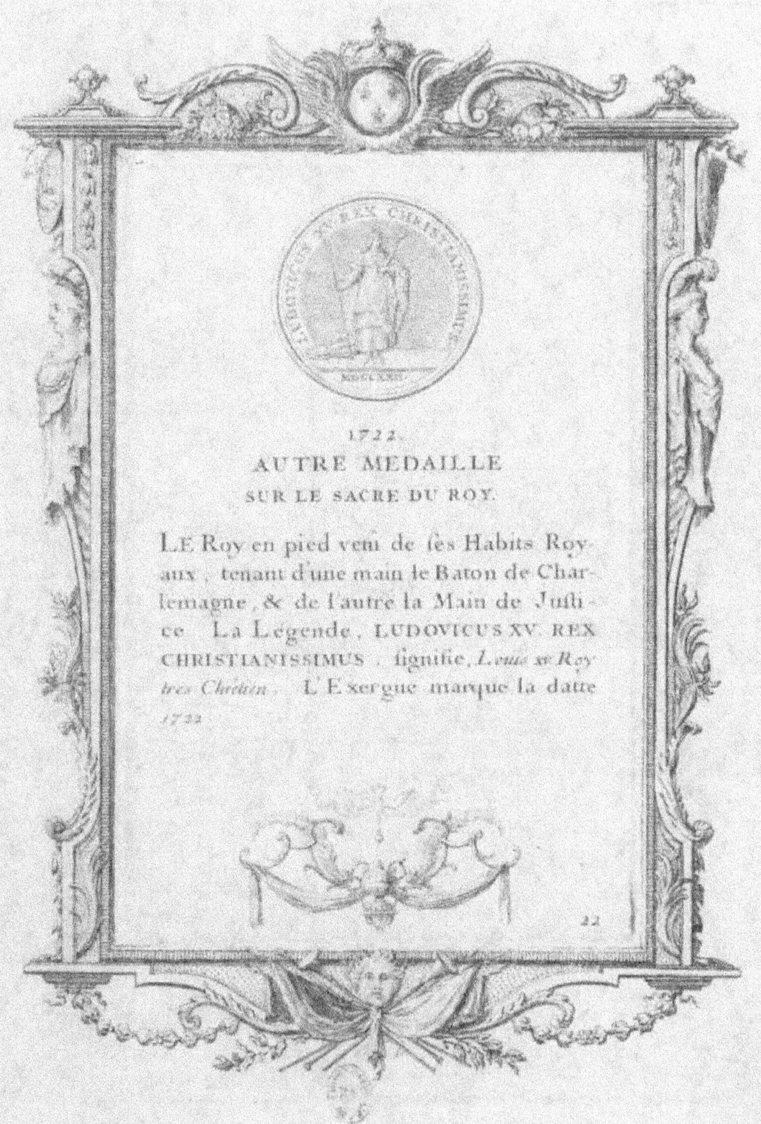

1722.

## AUTRE MEDAILLE
### SUR LE SACRE DU ROY.

LE Roy en pied vetu de ſes Habits Royaux, tenant d'une main le Baton de Charlemagne, & de l'autre la Main de Juſtice. La Légende, LUDOVICUS XV. REX CHRISTIANISSIMUS, ſignifie, *Louis xv Roy très Chrétien*. L'Exergue marque la datte 1722.

22

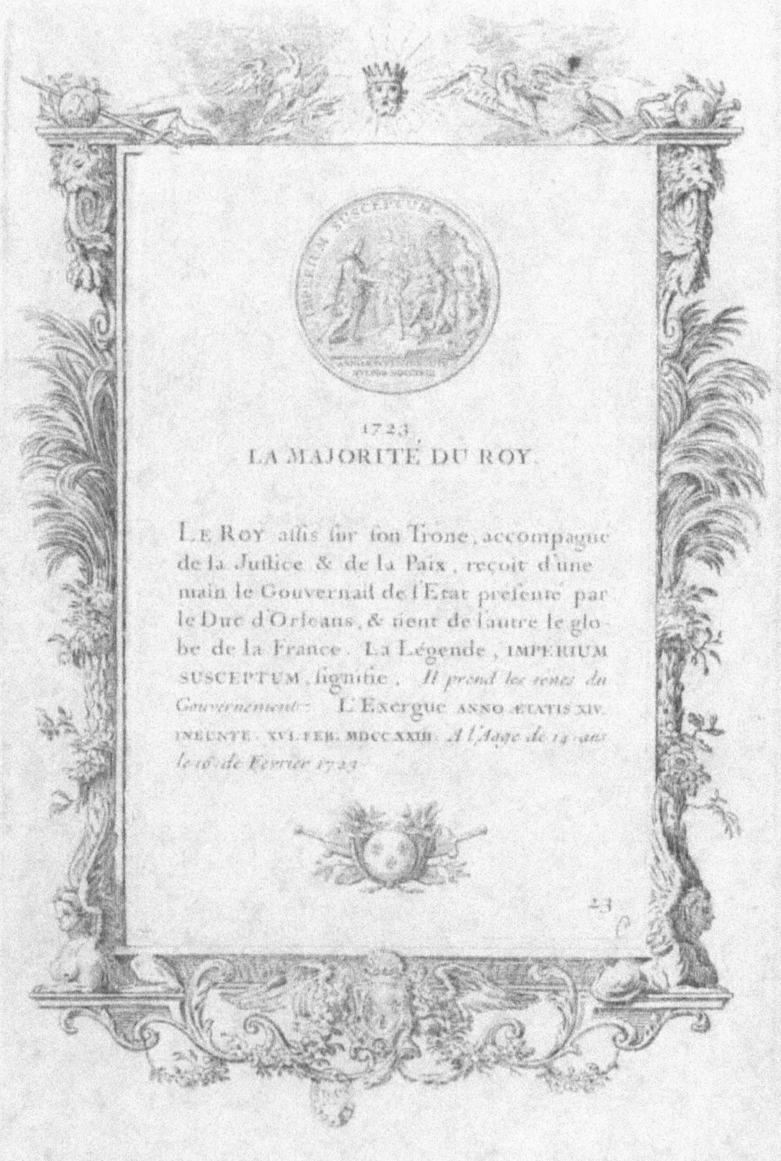

1723.

## LA MAJORITÉ DU ROY.

LE ROY assis sur son Trône, accompagné
de la Justice & de la Paix, reçoit d'une
main le Gouvernail de l'Etat présenté par
le Duc d'Orléans, & tient de l'autre le globe de la France. La Légende, IMPERIUM
SUSCEPTUM, signifie, *Il prend les rênes du
Gouvernement.* L'Exergue ANNO ÆTATIS XIV.
INEUNTE. XVI. FEB. MDCCXXIII. *A l'Aage de 14 ans
le 16 de Février 1723.*

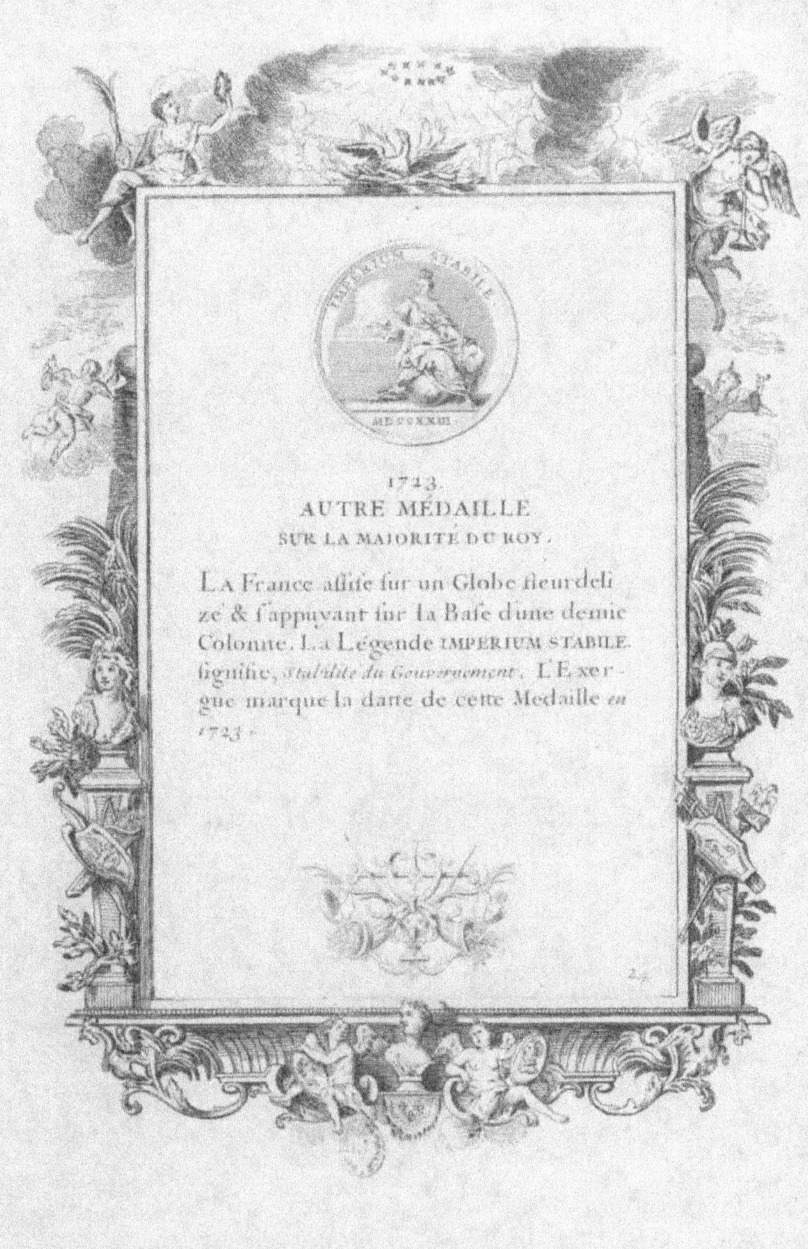

1723.

## AUTRE MÉDAILLE

### SUR LA MAJORITÉ DU ROY.

La France assise sur un Globe fleurdeli
zé & s'appuyant sur la Base d'une demie
Colonne. La Légende IMPERIUM STABILE.
signifie, *Stabilité du Gouvernement*. L'Exergue marque la datte de cette Medaille en
1723.

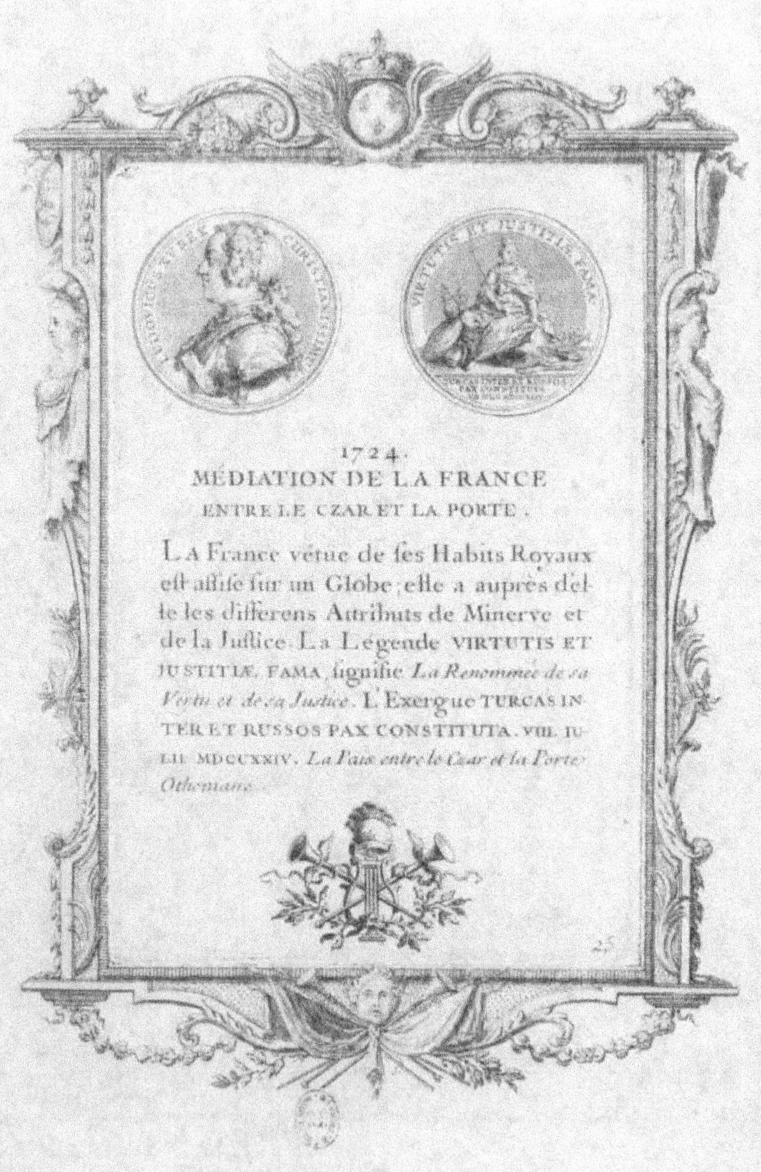

1724.
MÉDIATION DE LA FRANCE
ENTRE LE CZAR ET LA PORTE.

La France vêtue de ses Habits Royaux
est assise sur un Globe, elle a auprès d'el
le les differens Attributs de Minerve et
de la Justice. La Légende VIRTUTIS ET
JUSTITIÆ FAMA, signifie La Renommée de sa
Vertu et de sa Justice. L'Exergue TURCAS IN
TER ET RUSSOS PAX CONSTITUTA. VIII. JU
LII MDCCXXIV. La Paix entre le Czar et la Porte
Othomane.

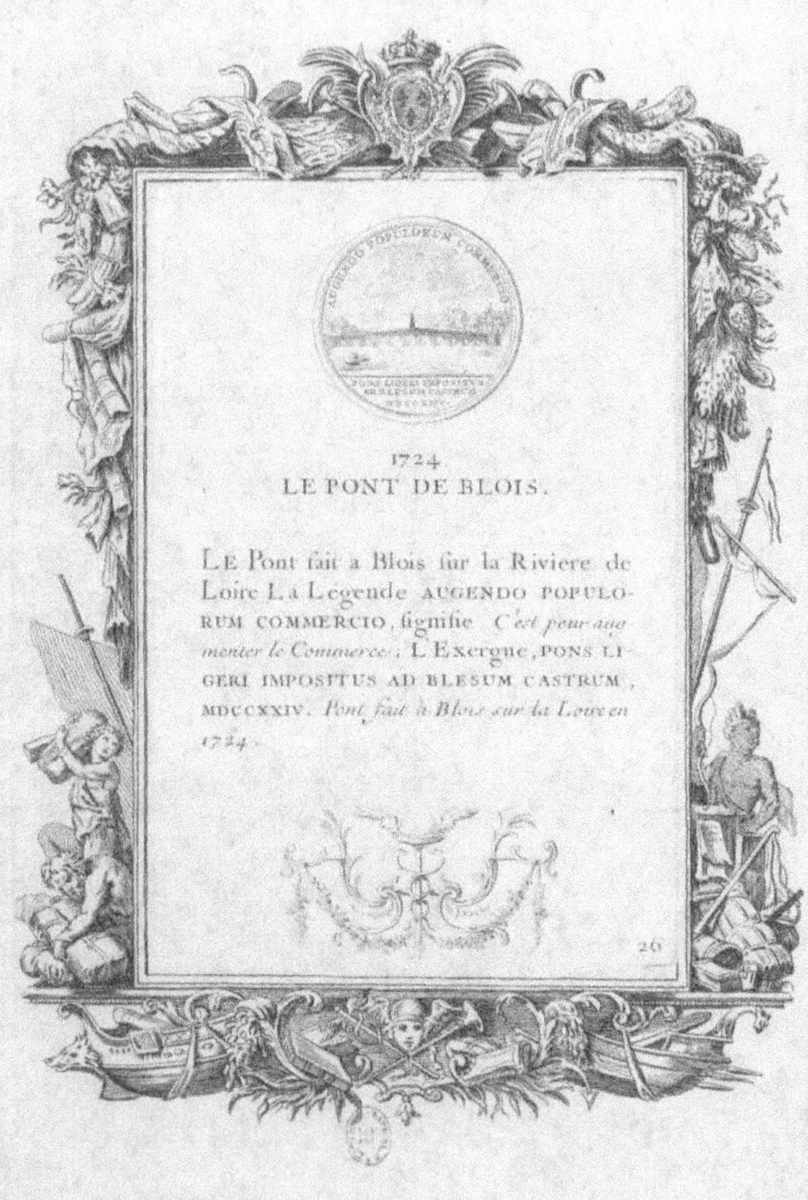


1724
LE PONT DE BLOIS.

Le Pont fait a Blois sur la Riviere de
Loire La Legende AUGENDO POPULO-
RUM COMMERCIO, signifie C'est pour aug-
menter le Commerce; L'Exergue, PONS LI-
GERI IMPOSITUS AD BLESUM CASTRUM,
MDCCXXIV. Pont fait à Blois sur la Loire en
1724.

26

1724.

PROMOTION DE CHEVALIERS
DU SAINT ESPRIT.

Le Type de la Ceremonie , c'est a dire le
Moment au quel le Roy accompagné des
Officiers de l'Ordre donne le Colier. La
Legende DECUS ET MERCES signifie, C'est
Un Honneur et Une Récompence. L'Exergue
LVIII. PROCERES TORQUE DONATI. III JUNII.
MDCCXXIV. Cinquanté huit Seigneurs faits Che-
valiers le 3 Juin 1724.

27

1725.

## LA CHASSE.

Un Trophée d'Instrumens de chasse orné
de la Dépouille de differens Animaux,
somme du Carquois & du Croissant de
Diane, avec plusieurs sortes de Chiens
en pied. La Légende, ET HABET SUA
CASTRA DIANA, signifie *Diane a aussi ses
Camps.* L'Exergue MDCCXXV

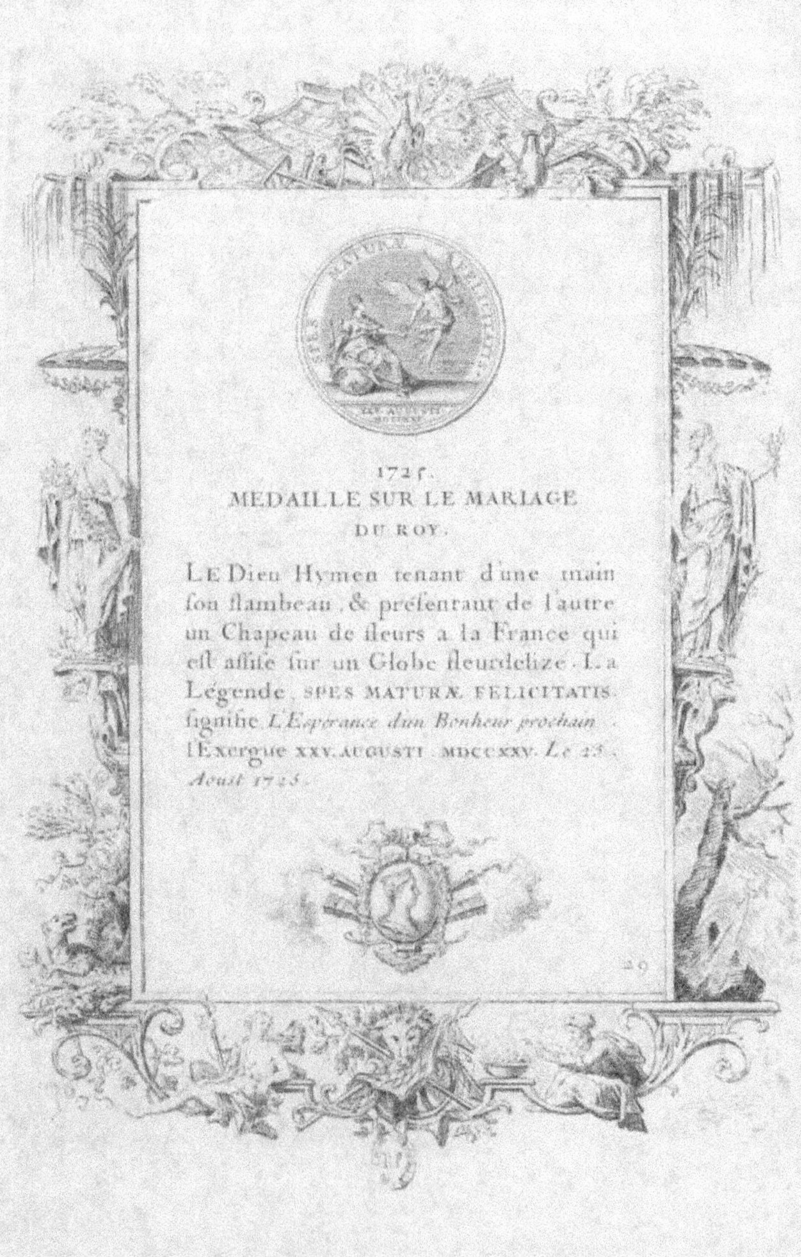

1725.

## MEDAILLE SUR LE MARIAGE
### DU ROY.

LE Dieu Hymen tenant d'une main
son flambeau, & présentant de l'autre
un Chapeau de fleurs a la France qui
est assise sur un Globe fleurdelize. La
Légende, SPES MATURÆ FELICITATIS.
signifie L'Espérance d'un Bonheur prochain.
l'Exergue XXV. AUGUSTI. MDCCXXV. Le 25.
Aoust 1725.

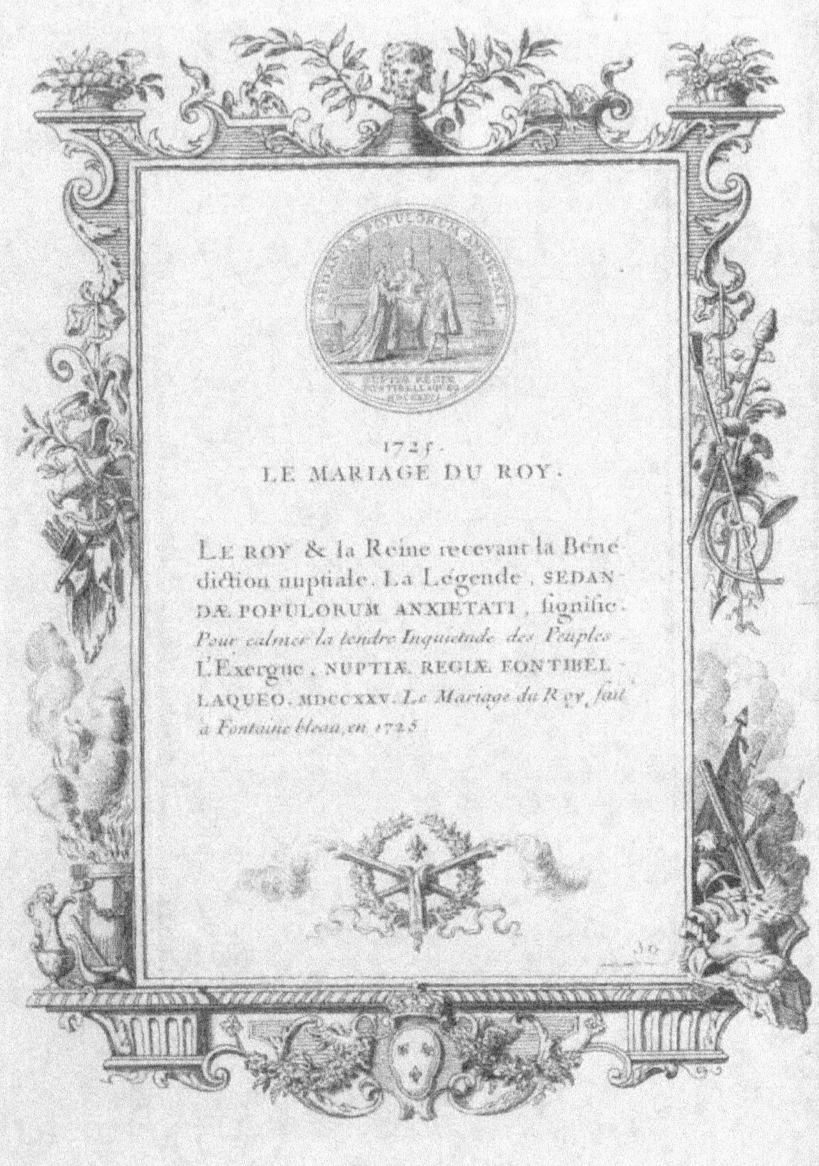


1725.
LE MARIAGE DU ROY.

LE ROY & la Reine recevant la Béné-
diction nuptiale. La Légende, SEDAN-
DÆ POPULORUM ANXIETATI, signifie,
Pour calmer la tendre Inquietude des Peuples.
L'Exergue, NUPTIÆ REGIÆ FONTIBEL-
LAQUEO, MDCCXXV. Le Mariage du Roy, fait
à Fontaine bleau, en 1725

1725.
AUTRE MEDAILLE
SUR LE MARIAGE DU ROY.

LE Portrait en Buste de la Reine, au
Revers de celuy du Roy. La Légende
MARIA REGIS STANISL. FIL. FR. ET NAV.
REGINA V. SEPT. MDCCXXV. signifie Marie
Fille du Roy Stanislas, Reine de France et de
Navarre. Le 5. Sept. 1725.

1726.

LE ROY GOUVERNANT PAR LUY MESME
SELON LES MAXIMES DE SON BISAYEUL.

LE ROY debout, revêtu de ses Habits Royaux,
prend des mains de Minerve un Globe fleurde
lisé, & regarde en même tems le Buste en Medaillon du feu Roy son Bisayeul que la Deesse
se luy montre dans les bras de la Renomée.
La Légende, EXEMPLAR REGNI, signifie Modéle
de Gouvernement. L'Exergue. AVITUM REGIMEN
RESTITUTUM. MDCCXXVI. La Maniere de Gouverner
de Louis XIV. Rétablie en 1726.

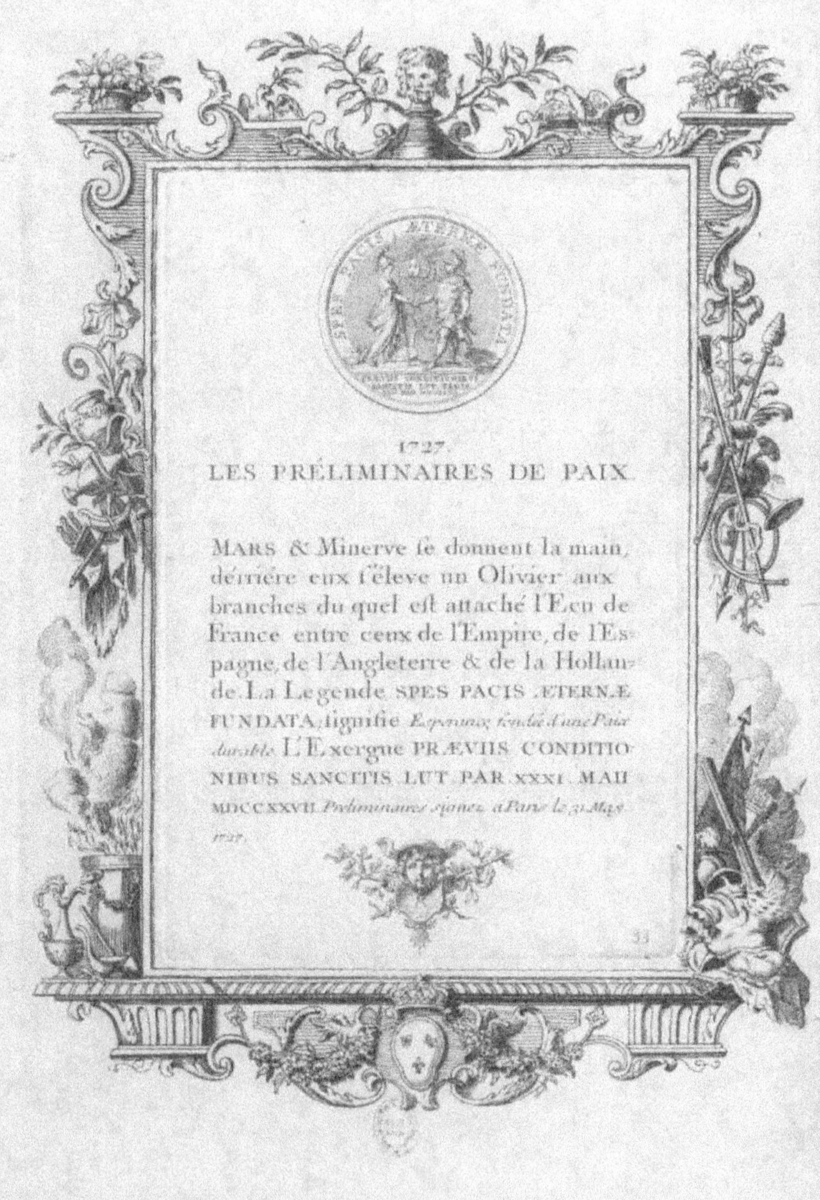

1727.

## LES PRÉLIMINAIRES DE PAIX.

MARS & Minerve se donnent la main,
dérriére eux s'éleve un Olivier aux
branches du quel est attaché l'Ecu de
France entre ceux de l'Empire, de l'Espagne, de l'Angleterre & de la Hollan-
de. La Legende SPES PACIS ÆTERNÆ
FUNDATA, signifie *Esperances fondée d'une Paix*
*durable.* L'Exergue PRÆVIIS CONDITIO
NIBUS SANCITIS LUT PAR XXXI MAII
MDCCXXVII. *Preliminaires signez à Paris le 31 May*
*1727.*

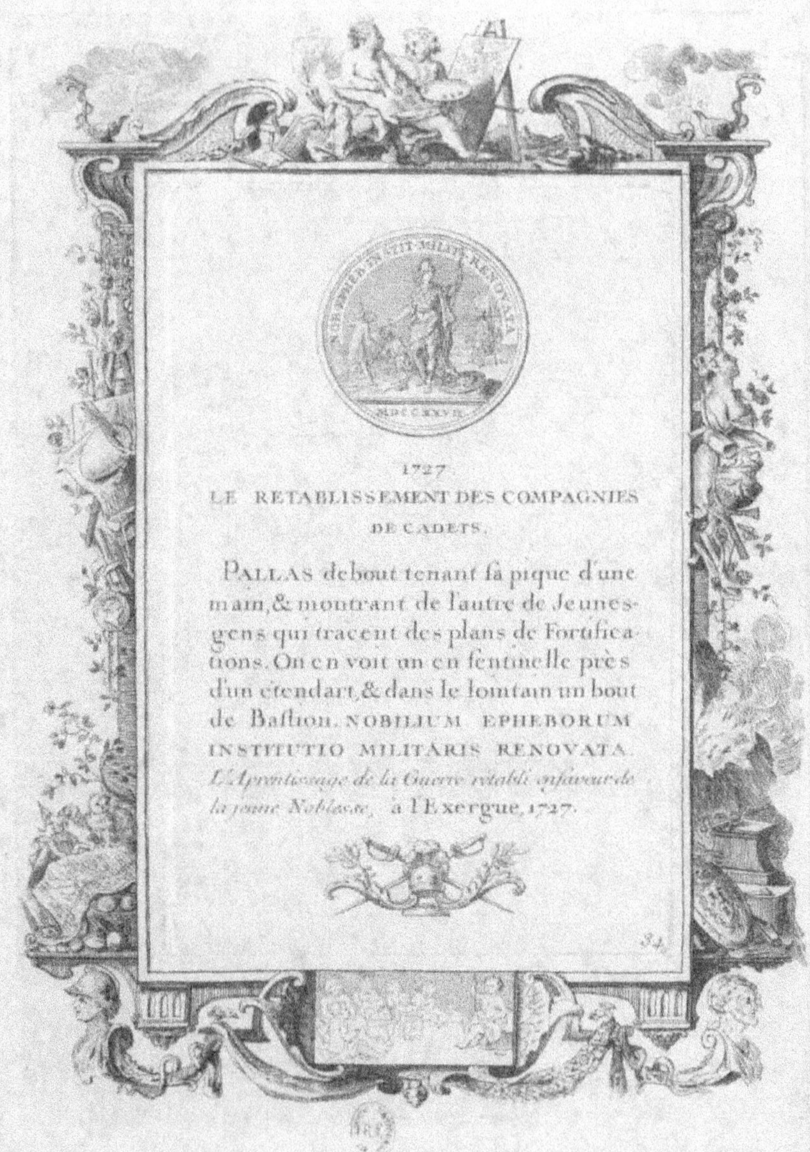


1727.
LE RETABLISSEMENT DES COMPAGNIES
DE CADETS.

PALLAS debout tenant sa pique d'une
main, & montrant de l'autre de Jeunes-
gens qui tracent des plans de Fortifications. On en voit un en sentinelle près
d'un étendart, & dans le lointain un bout
de Bastion. NOBILIUM EPHEBORUM
INSTITUTIO MILITARIS RENOVATA.
L'Aprentissage de la Guerre rétabli en faveur de
la jeune Noblesse,  à l'Exergue, 1727.

34.

## LA NAISSANCE DES DAMES DE FRANCE.

LES Bustes du Roy et de la Reine.
Au Revers. La Fecondité à l'antique
sous le type d'une Femme à longue robe
debout, et tenant un Enfant sur chaque
bras. La Légende FECUNDITAS AUG.
signifie *L'auguste Fecondité* l'Exergue GEMEL-
LÆ REGIÆ NATÆ XIV. AUGUSTI.
M.DCC XXVII. *Les Gemelles Roïales nées le 14*
*Aoust 1727.*

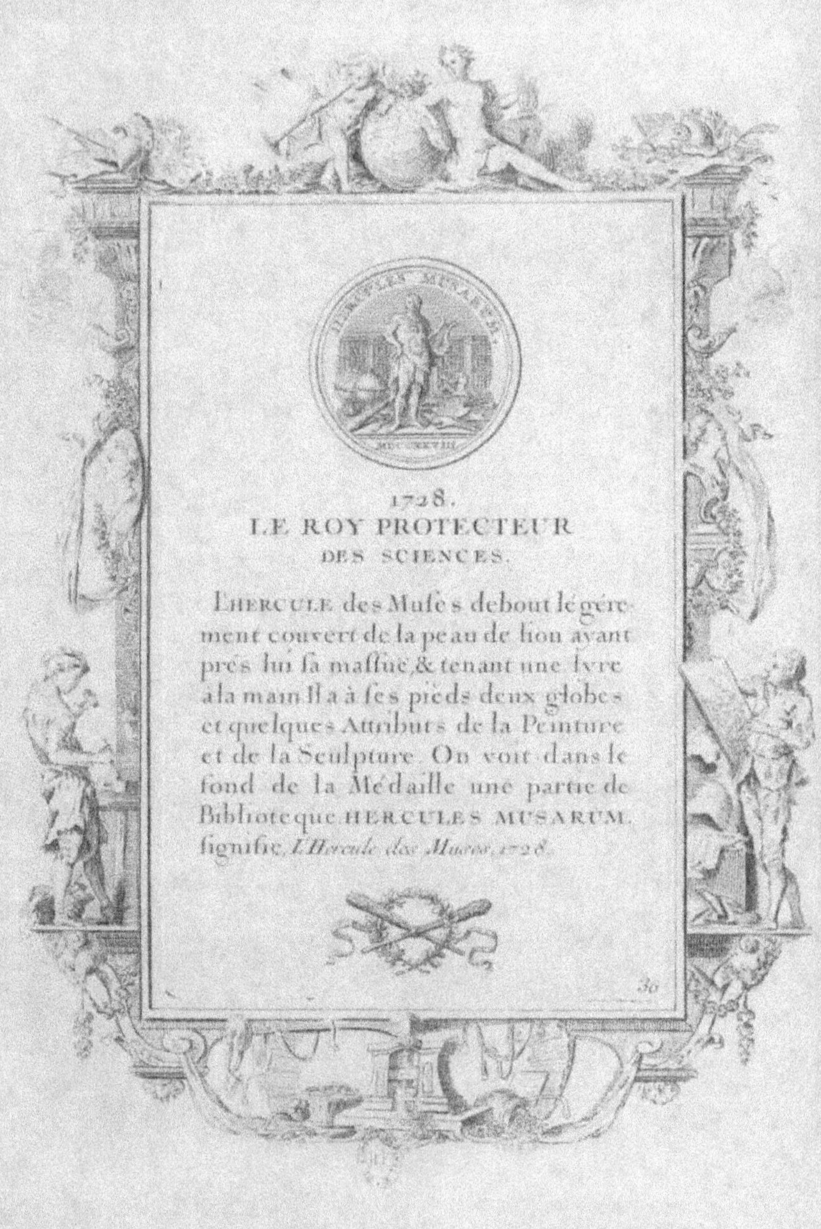

1728.

# LE ROY PROTECTEUR

## DES SCIENCES.

L'HERCULE des Muses debout légére-
ment couvert de la peau de lion ayant
près lui sa massuë, & tenant une lyre
à la main Il a à ses pieds deux globes
et quelques Attributs de la Peinture
et de la Sculpture. On voit dans le
fond de la Médaille une partie de
Biblioteque HERCULES MUSARUM.
signifie, *l'Hercule des Muses, 1728.*

30

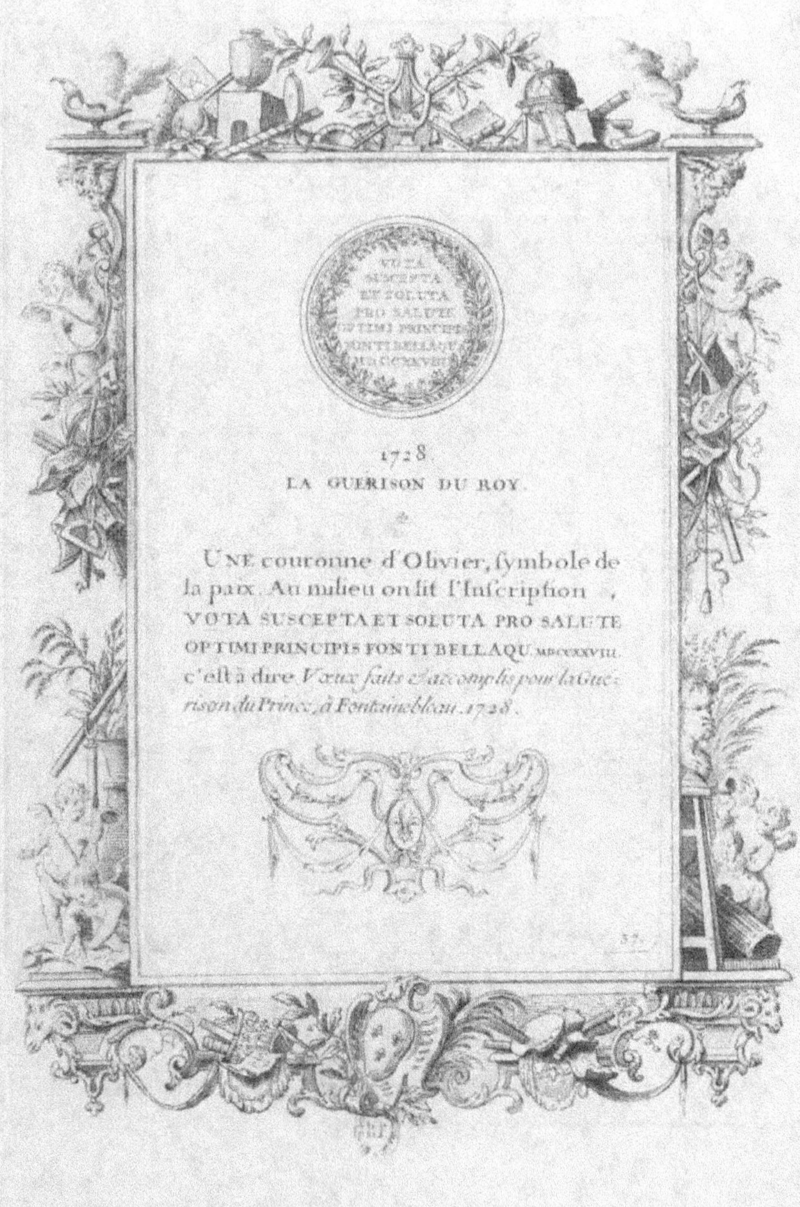

1728.
LA GUERISON DU ROY.

UNE couronne d'Olivier, symbole de
la paix. Au milieu on lit l'Inscription,
VOTA SUSCEPTA ET SOLUTA PRO SALUTE
OPTIMI PRINCIPIS FONTI BELLAQU. MDCCXXVIII.
c'est à dire Vœux faits & accomplis pour la Gué-
rison du Prince, à Fontainebleau. 1728.

1729.

LA FRANCE TOUSJOURS FLORISSANTE.

UNE Femme assise tenant d'une main le
Caducée & de l'autre la corne d'abondance
pour représenter la Felicité. Les mots de la
Légende, FELICITAS PERPETUA, signifient *la Felicité durable*, l'Exergue marque
la datte 1729.

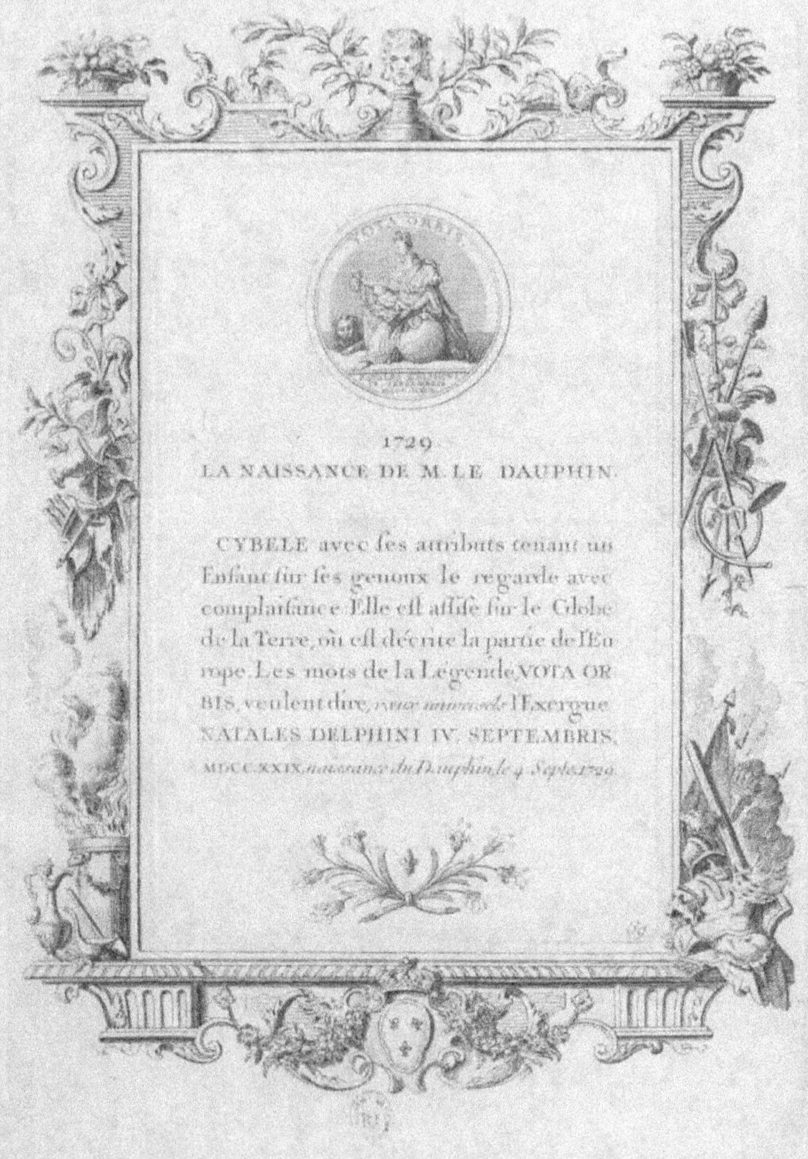


VOTA ORBIS

1729

LA NAISSANCE DE M. LE DAUPHIN.

CYBELE avec ſes attributs tenant un
Enfant ſur ſes genoux le regarde avec
complaiſance. Elle eſt aſſiſe ſur le Globe
de la Terre, où eſt décrite la partie de l'Eu
rope. Les mots de la Légende VOTA OR
BIS, veulent dire, vœux universels. l'Exergue
NATALES DELPHINI IV. SEPTEMBRIS,
MDCCXXIX. naiſſance du Dauphin le 4. Sept. 1729.

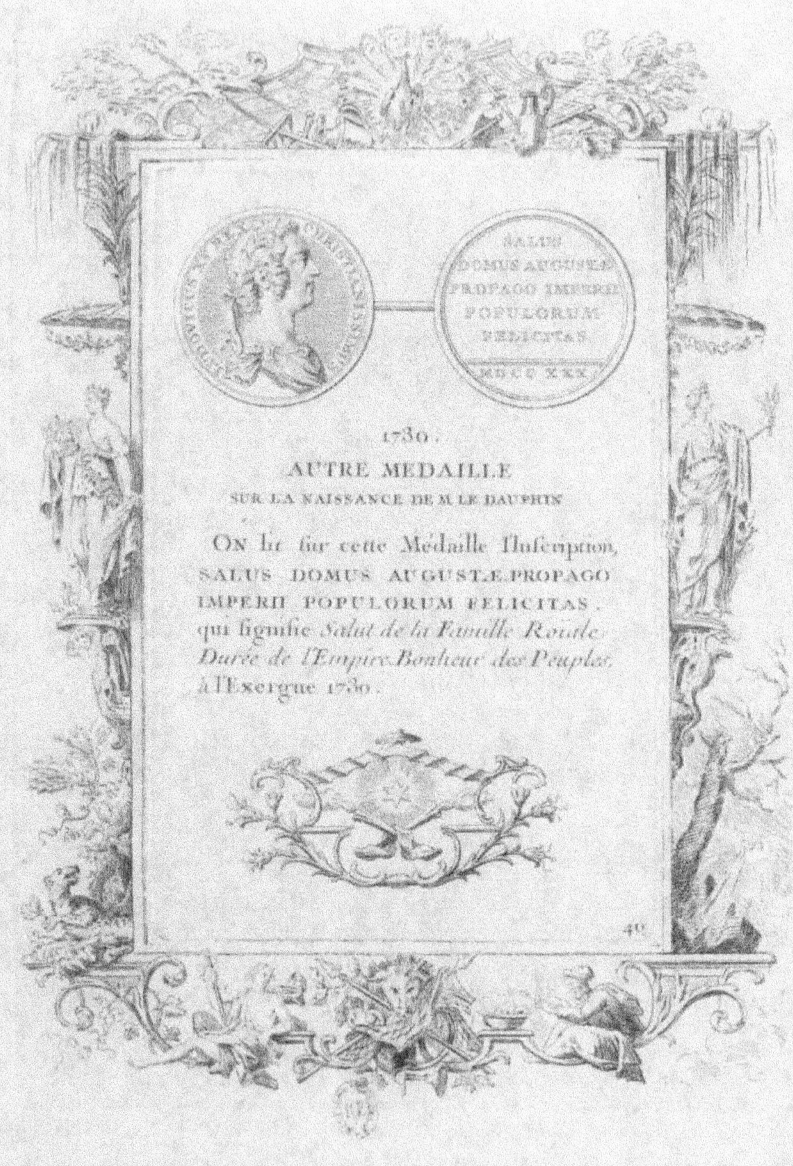

1730.

AUTRE MEDAILLE
SUR LA NAISSANCE DE M. LE DAUPHIN

On lit sur cette Médaille l'Inscription,
SALUS DOMUS AUGUSTÆ PROPAGO
IMPERII POPULORUM FELICITAS.
qui signifie Salut de la Famille Royale
Durée de l'Empire Bonheur des Peuples.
à l'Exergue 1730.

49

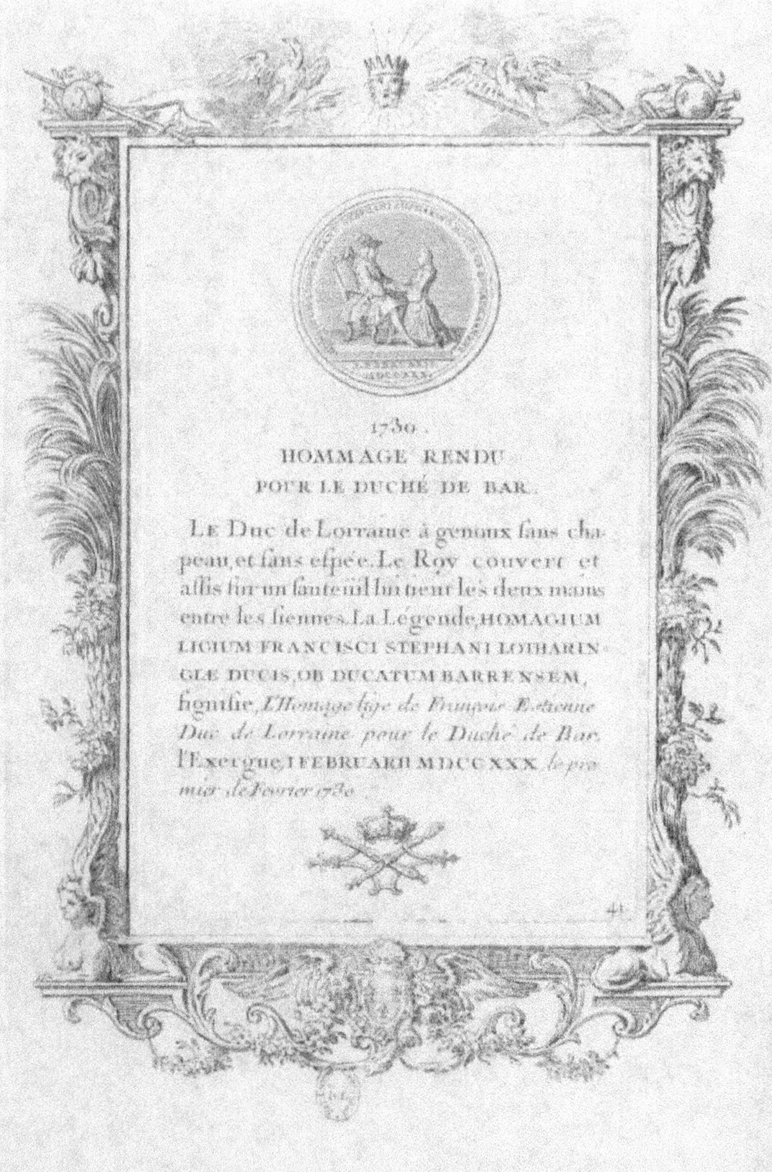

1730.

## HOMMAGE RENDU
### POUR LE DUCHÉ DE BAR.

Le Duc de Lorraine à genoux sans chapeau, et sans espée. Le Roy couvert et assis sur un fauteuil lui tient les deux mains entre les siennes. La Légende, HOMAGIUM LICIUM FRANCISCI STEPHANI LOTHARINGIÆ DUCIS, OB DUCATUM BARRENSEM, signifie, *L'Hommage ligé de François Estienne Duc de Lorraine pour le Duché de Bar,* l'Exergue, I FEBRUARII MDCCXXX *le premier de Fevrier 1730.*

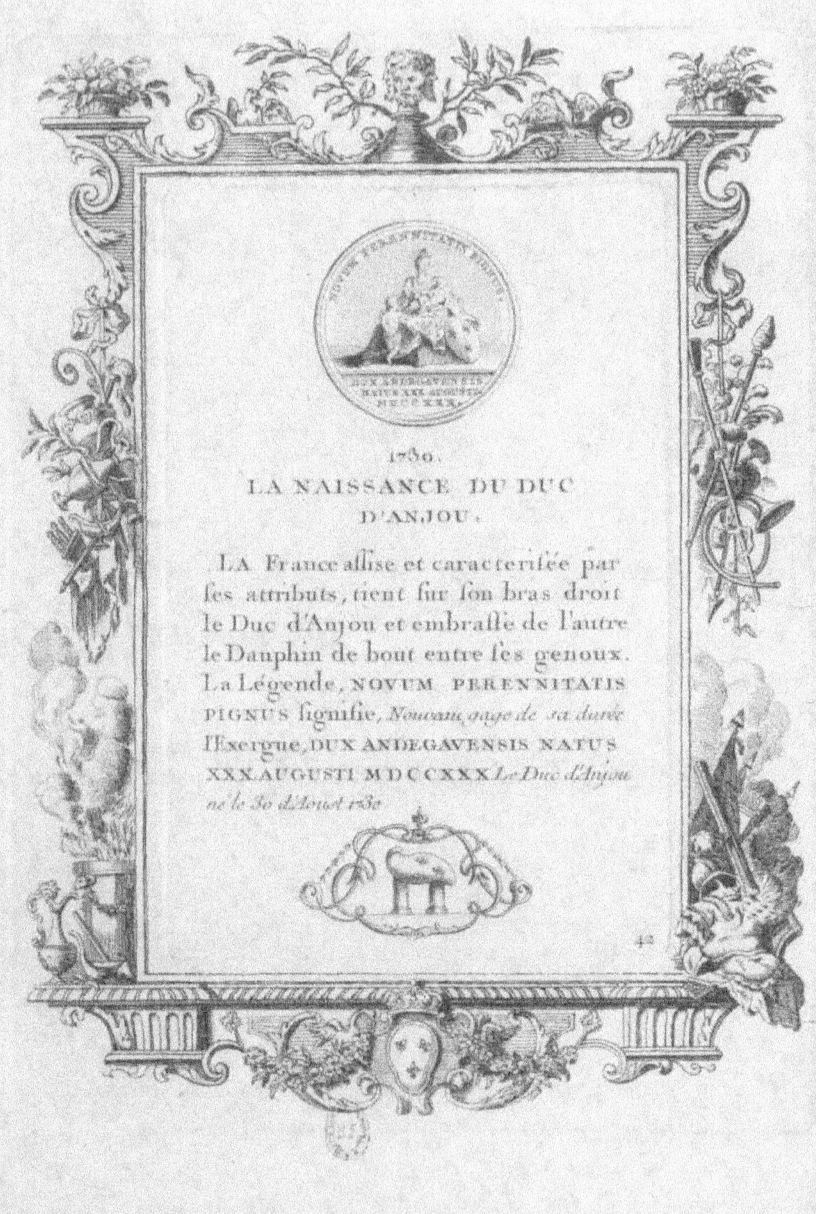

1730.

LA NAISSANCE DU DUC
D'ANJOU.

LA France assise et caracterisée par
ses attributs, tient sur son bras droit
le Duc d'Anjou et embrasse de l'autre
le Dauphin de bout entre ses genoux.
La Légende, NOVUM PERENNITATIS
PIGNUS signifie, Nouveau gage de sa durée
l'Exergue, DUX ANDEGAVENSIS NATUS
XXX. AUGUSTI M D C C XXXX Le Duc d'Anjou
né le 30 d'Aoust 1730.

1730.

## PONT DE COMPIEGNE.

LE magnifique Pont que le Roy a fait
construire à Compiegne, Ville de Pi-
cardie, scituée au confluent des Ri-
vieres d'Oise et d'Aisne. La Légende,
COMPENDIUM ORNATUM ET LOCU-
PLETATUM, Signifie *Compiègne ornée
et enrichie.* l'Exergue PONTE NOVO
ISARÆ IMPOSITO. M.DCC.XXX
*nouveau Pont sur l'Oise 1730.*

1732.

## LE PLAN DES NOUVELLES FORTIFICATIONS DE METZ.

MINERVE assise et environnée des principaux attributs de la Prudence et de la Paix, remet au Genie de l'Architecture militaire le Plan des nouvelles Fortifications de Metz. La Légende, PAX PROVIDA, signifie, *une sage prévoyance durant la Paix*, l'Exergue, METÆ NOVIS OPERIBUS MUNITÆ MDCCXXXII *Nouveaux Forts ajoutés à la Ville de Metz 1732*.

44

1732.

## LES CAMPS.

Mars en repos assis sur des armes accompagné de cinq Génies de bout portant des Enseignes. La Légende, MARTIS OTIA, signifie, *Exercices de Mars oisif.* On lit dans l'Exergue, ACIES IN CASTRA DISTRIBU-TÆ. M.DCCXXXII. *Armée partagée en plusieurs Camps 1732.*

45

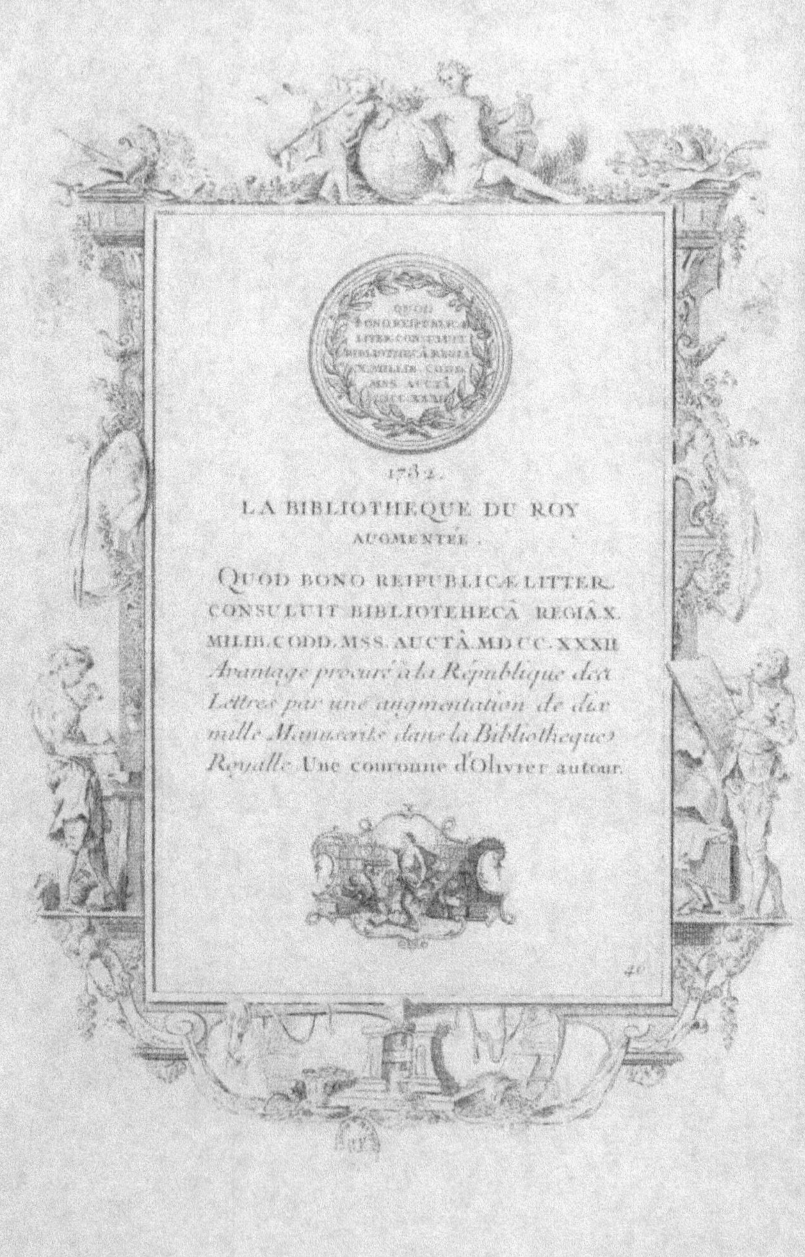
1732.
LA BIBLIOTHEQUE DU ROY
AUGMENTÉE.
QUOD BONO REIPUBLICÆ LITTER.
CONSULUIT BIBLIOTEHECÂ REGIÂX.
MILIB. CODD. MSS. AUCTÂ. MDCC. XXXII
Avantage procuré à la République des
Lettres par une augmentation de dix
mille Manuscrits dans la Bibliotheque
Royalle. Une couronne d'Olivier autour.
40

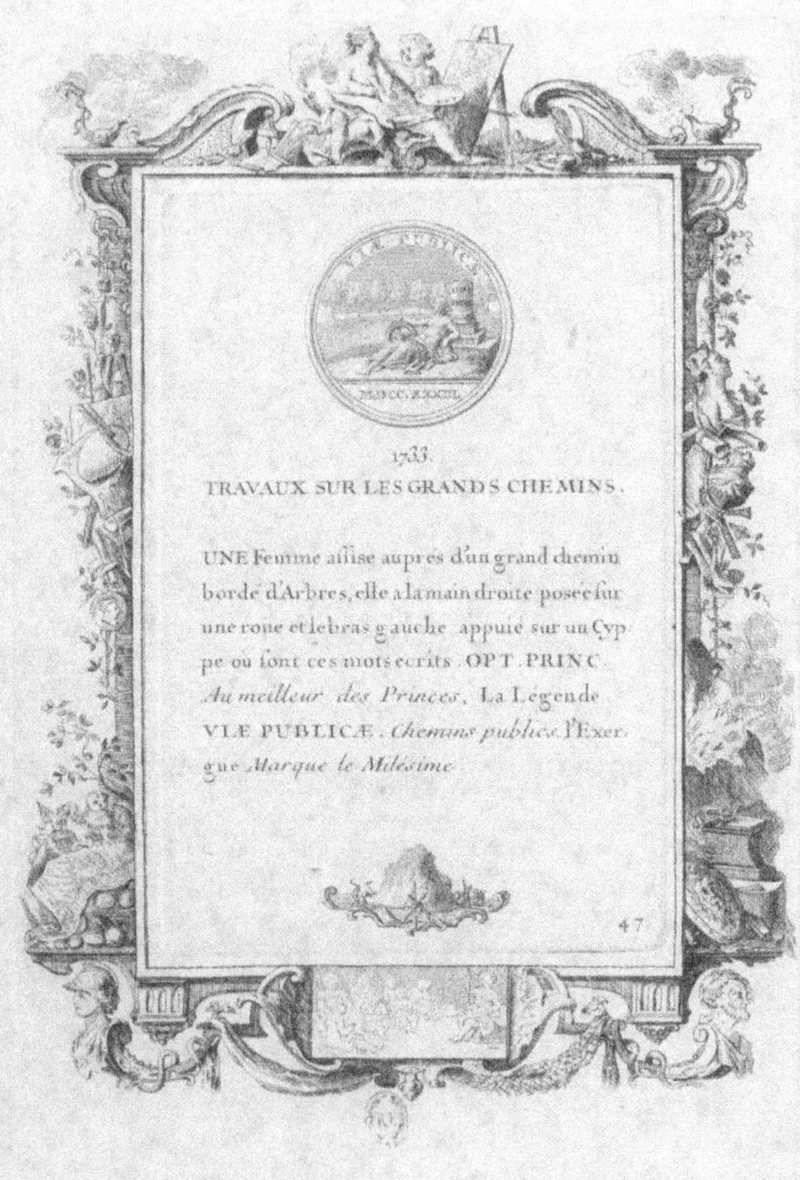
1733.
TRAVAUX SUR LES GRANDS CHEMINS.

UNE Femme assise auprés d'un grand chemin
bordé d'Arbres, elle a la main droite posée sur
une roue et le bras gauche appuié sur un Cyp-
pe où sont ces mots ecrits OPT. PRINC.
Au meilleur des Princes. La Légende
VIÆ PUBLICÆ. Chemins publics l'Exergue Marque le Milésime

47

1733.
LA PRISE DU FORT DE KELL.

On voit le plan du Fort de Kell,
avec ces mots autour, KELLA
RECEPTA. Le Fort de Kell rendu,
et dans l'Exergue XXVIII. OCTOBRIS.
MDCCXXXIII Le 28. Octobre 1733.

1733.

## LA CONQUÊTE DU MILANEZ.

On voit une femme couronnée de tours tenant un Bouclier aux armes du Milanez prosternée aux piéds d'un Mars François qui lui tend la main. Les mots MARS ULTOR, *Mars vengeur sont autour* Dans l'Exergue, on lit INSUBRIA AUSTRIACIS EREPTA. M.DCCXXXIII. *Le Milanez ôté à la Maison d'Autriche 1733.*

40.

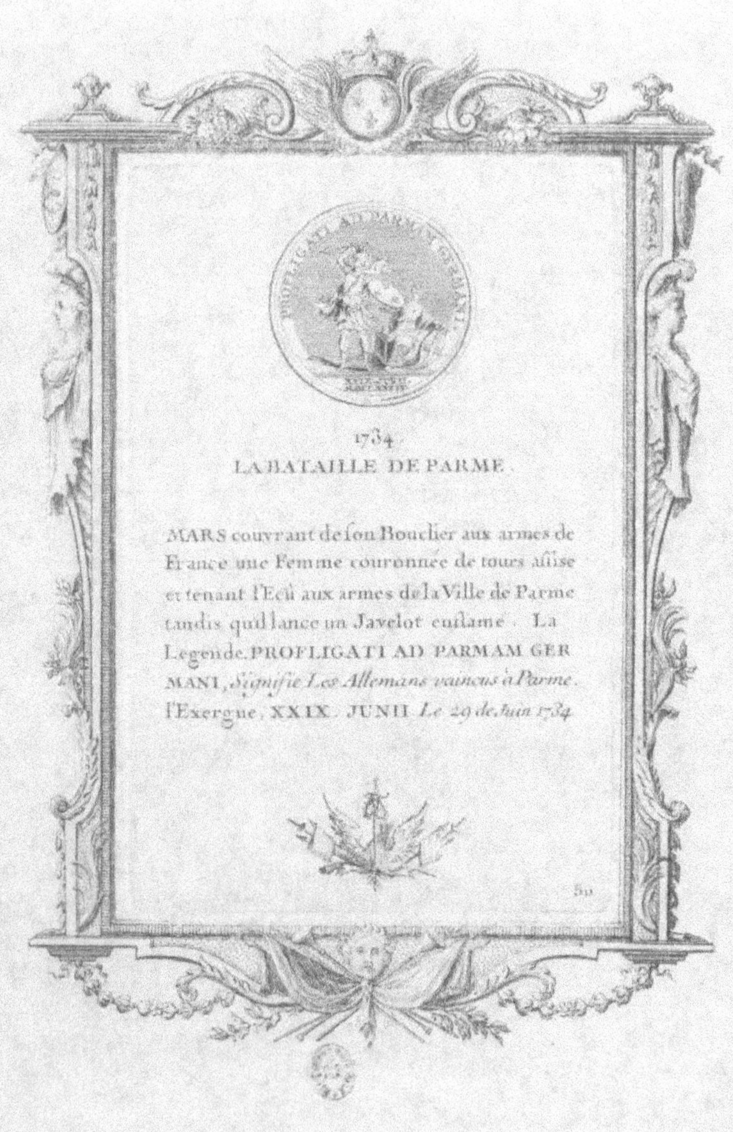

PROFLIGATI AD PARMAM GERMANI
1734.
LA BATAILLE DE PARME.
MARS couvrant de son Bouclier aux armes de
France une Femme couronnée de tours assise
et tenant l'Ecû aux armes de la Ville de Parme
tandis qu'il lance un Javelot enflame. La
Legende. PROFLIGATI AD PARMAM GER
MANI, Signifie Les Allemans vaincus à Parme.
l'Exergue. XXIX. JUNII Le 29 de Juin 1734.

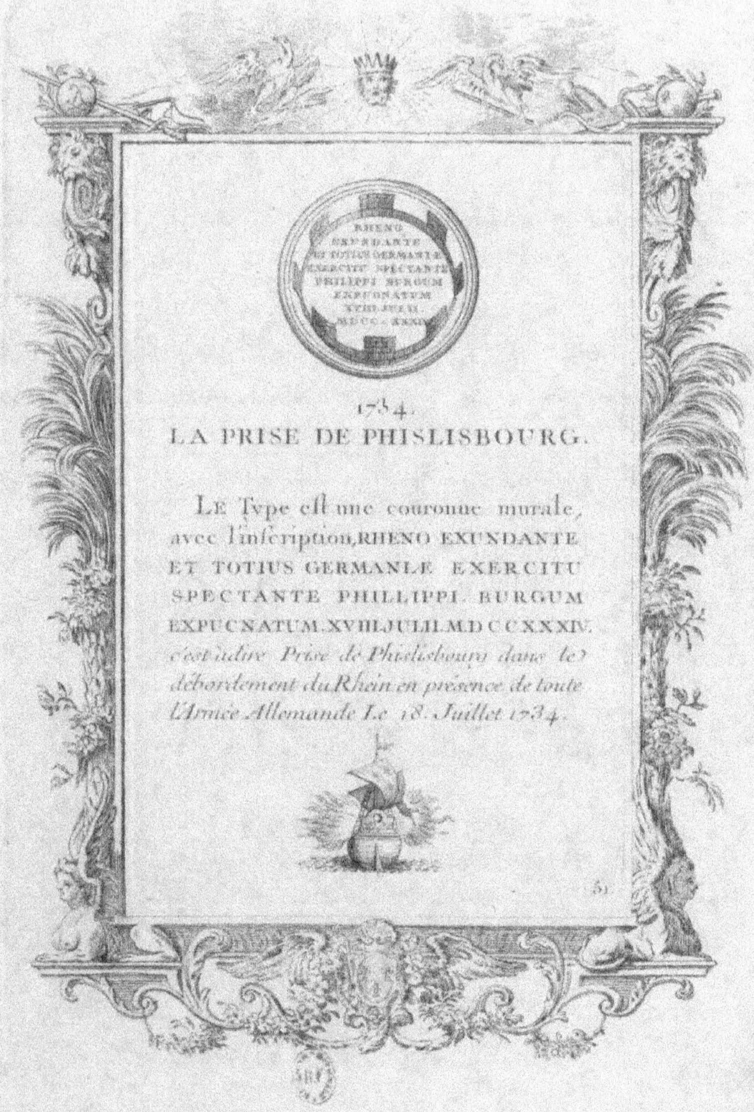

1734.

LA PRISE DE PHISLISBOURG.

Le Type est une couronne murale,
avec l'inscription, RHENO EXUNDANTE
ET TOTIUS GERMANIÆ EXERCITU
SPECTANTE PHILLIPPI. BURGUM
EXPUGNATUM. XVIII.JULII.M.DCCXXXIV.
c'est à dire Prise de Phislisbourg dans le
débordement du Rhein en présence de toute
l'Armée Allemande Le 18. Juillet 1734.

1734.

## LA BATAILLE DE GUASTALLE.

LE BUSTE DU ROY avec la Légende ordinaire.
UN Trophée d'Armes composée d'une armure, et
de Drapeaux aux aigles à deux teßes et plus bas
des canons, des mortiers, et des timbales. La
Victoire vole et vient couronner ce trophée. Dans
le lointain le Fleuve du Pô paroit étonné sous le
symbole d'un Vieillard couché et appuié sur
son urne: sur la quelle on lit ERIDANUS. La
Légende, DE GERMANIS ITERUM, *Signifie,
Seconde défaite des Allemans.* l'Exergue,
AD GUASTALLAM. XIX. SEPTEMBRIS.
M.DCCXXXIV. *à Guastalle ce 19 de Septem
bre 1734.*

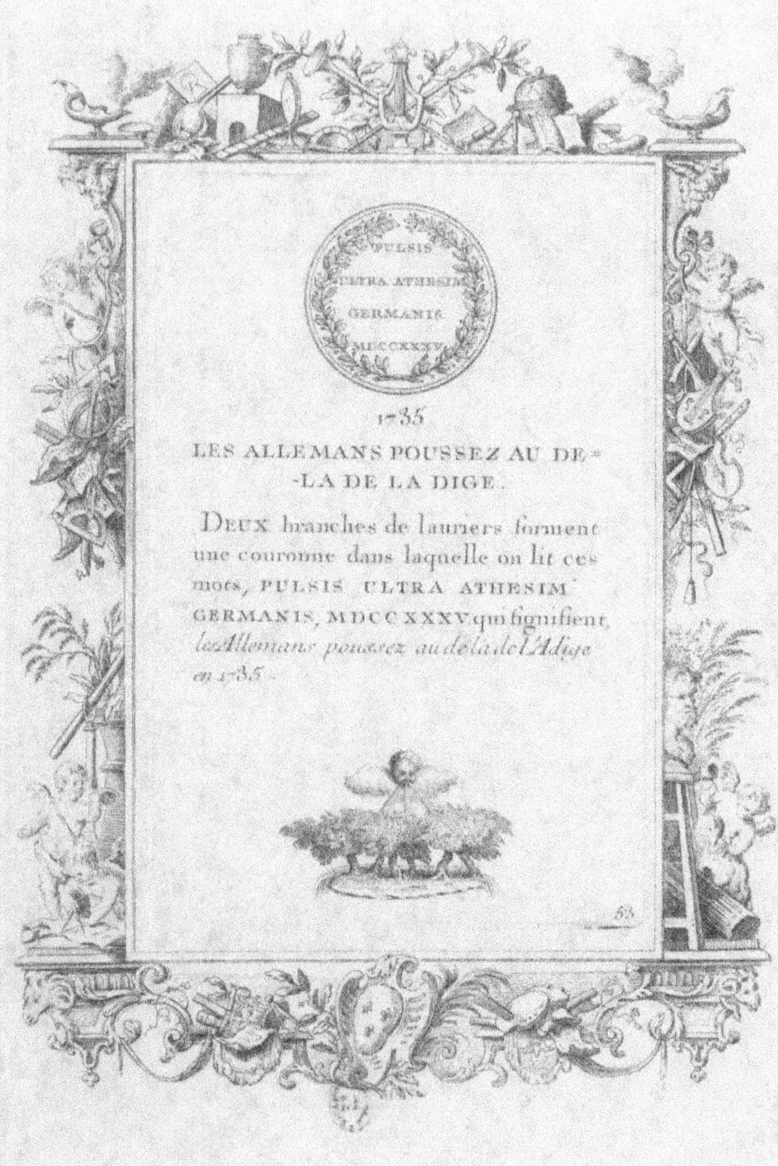
PULSIS
ULTRA ATHESIM
GERMANIS
MDCCXXXV
1735
LES ALLEMANS POUSSEZ AU DE=
-LA DE LA DIGE.
Deux branches de lauriers forment
une couronne dans laquelle on lit ces
mots, PULSIS ULTRA ATHESIM
GERMANIS, MDCCXXXV qui signifient,
les Allemans poussez au delà de l'Adige
en 1735.

1736.

L'EDUCATION DE MONSIEUR
LE DAUPHIN.

LE ROY revetu de ses habits royaux presente
à Minerve Monsieur le Dauphin. l'Ecusson du
Dauphiné est à ses pieds, et derriere la Déesse
on voit un Globe, un plan de fortification, une
regle, un compas &c. La Legende, AUGENDAR
POPULORUM FELICITATI, et l'Exergue, RE-
GIA DELPHINI INSTITUTIO, Signifient, que
l'Education que S.M. fait donner à Monsieur le
Dauphin a pour objet principal la félicité des
Peuples. Plus bas est l'année MDCCXXXVI.

34